U0561470

何晋 著

君子时代的争霸

《左传》里的春秋史

序言

　　本书以春秋时代争霸为主线，讲解整部《左传》记载的二百四十多年间各诸侯国的重大史事。这些史事在《左传》原书中是按照编年一年接一年排列下来记载的，头绪纷繁，内容离散，对于一般读者来说具有一定的难度。本书则在完全忠实于《左传》原文的情况下，将相关史事的分散记录抽绎出来重组综合，用浅显的文字加以阐释和重述，不仅使史事的完整得到凸显，而且还试图揭示历史事件彼此之间复杂而微妙的关系。

　　本书不同于纯粹讲述春秋历史的著作，也不同于《左传》的白话直译。全书以《左传》的记事为基础，同时也参考其他文献，如《国语》《史记》以及诸子著作中的相关内容，将《左传》记载的春秋史事，以霸主为依托，基本按照时间先后，归纳综合为二十讲，既自有起讫，又彼此联系。希望本书能为愿读《左传》原典的读者提供一些帮助，同时也为想一览整个春秋时代历史风貌的读者提供一点参考。

　　那为什么各国记载历史的书，名字要叫作"春秋"呢？因为各国这些记载历史的书，基本都采用了按照年代、时间先后顺序编写的方法来书写历史，也就是后世所说的"编年体"。年代有先后，一年之中也有春、夏、秋、冬四季的先后，于是错举春、秋二季之名，用来通指一年。历史也是一个春夏秋冬之后，紧接着又一个春夏秋冬，于是"春秋"成了史书的代称。也有学者认为，在上古时期（西周之前），一年只有春、秋两个季节，所以用"春秋"来指一年。

记载鲁国历史的这部《春秋》，很早人们便认为它经过孔子的删定和整理。这个说法开始于战国时候的孟子，其后许多学者也这么认为；现代有学者认为《春秋》这部书其实本即鲁史，和孔子没有什么关系，至多孔子曾把它作为教材来教过学生。

《春秋》不仅记载鲁国的历史，也记载周王和其他诸侯国的历史，所以钱穆先生说它是"一部诸夏的国际史，亦可称为乃是那时的一部天下史或称世界史"，"是把天下一家的大一统观点来写的一部世界通史"。（钱穆：《中国史学名著》）

但是，《春秋》记载历史十分简略，缺漏的地方也很多。从鲁隐公元年到鲁哀公十四年，一共二百四十二年的历史，记载的文字总共也只有一万六七千字，记载一件事最短只用一字，最长也仅四十余字。《春秋》的措辞比较隐晦，这种隐晦地通过选择不同的字词来表达褒贬含义的书写方法，被后世称之为"春秋笔法"，例如，同是记载征战，有伐、侵、战、围、救、取、执、溃、败等不同的措辞，有时很不容易读明白，于是就出现了专门解释、阐发《春秋》的书，也就是所谓的"传"——《春秋》也就被称为"经"了。如前所述，这样的"传"流传到今天的有三部，即《左传》《公羊传》和《谷梁传》，它们合称"《春秋》三传"。

三传之中，《公羊传》可能在战国末期已成书；《谷梁传》中有大量转录或增添《公羊传》的内容，成书较晚一些，这二传大概都是到了汉代才写定。《公羊传》和《谷梁传》常常用一问一答的形式来解释《春秋》，喜欢从中阐发政治、道德上的微言大义，这是它们的显著特点。此二传在汉代由当时通行的隶书写定，被称为"今文经"，受到尊崇，被朝廷立于学官，设有博士，成为当时的官方"《春秋》学"，尤其是其中的《公羊传》，特别受到重视。

《左传》的成书比《公羊传》和《谷梁传》都要早，大概在战国的中前期。有资料表明，《左传》在战国就已开始流行，许多战国时代的上层人物都喜爱《左传》并引用其中的文句。但是在汉代，《左传》并不流行，只在民间个别流传，和《公羊传》《谷梁传》是官学不一样，它是民间的私学。

目录

一 《左传》简介

（一）
- 《左传》书名的含义
- 《春秋》书名的含义
- 《春秋》的记事起止
- 《春秋》的内容
- 《春秋》三传的特点
- 《左传》与《春秋》的关系
- 《左传》的记事起止
- 《左传》的作者

（二）
- 《左传》编年记事的特点
- 干支与干支纪日
- 夏、商、周三代历法的区别
- 鲁隐公元年即位的记载
- 春秋女子的姓名问题
- 鲁隐公为什么没有做国君的资格
- 春秋时代确立国君继承人的原则
- 春秋时代的「盟」
- 《左传》开篇的内容

二 郑庄小霸 ——二五

(一) 郑庄公被倒着生下来，妈妈不喜欢他

弟弟太叔段发动叛乱，被打败了

和妈妈在地道里相见

郑庄公与周天子关系恶化，互换人质

郑国军队一箭射掉了周天子的威风和面子

子都背后暗箭射杀颍考叔

(二)《春秋》中第一起弑君事件

卫宣公娶了自己的儿媳妇，杀死自己的儿子

宋殇公十年十一战

华父督杀死宋殇公，霸占了别人的妻子

郑国当初建国，实属迫不得已

郑庄公一死，郑国乱了

三 齐桓首霸

(一)
- 齐襄公和自己妹妹私通
- 公子彭生死后变成野猪吓煞齐襄公
- 管仲一箭射中了齐桓公身上的带钩
- 齐桓公任用管仲
- 管仲与鲍叔牙的朋友之交
- 管仲二三事
- 天子招待管仲
- 孔子对管仲的赞许

(二)
- 齐鲁长勺之战,曹刿一鼓作气打败齐国
- 宋国大力士南宫万扭断了宋国国君的脖子
- 齐桓公首次作为诸侯而主持天下的盟会
- 鲁国、宋国服从了齐国
- 齐桓公尊王,称霸诸侯
- 葵丘之会,周天子赐祭肉给齐桓公

(三)
- 齐桓公攘夷,帮助燕国打败山戎
- 中原华夏诸侯团结一心,共同抗狄,救援邢国
- 卫懿公好鹤而亡,齐桓公保存了卫国
- 霸主的责任:救患、分灾、讨罪
- 齐国为救郑国,率八国军队与楚国在召陵相会
- 齐桓公去世,齐国也乱了

四 宋襄图霸

八五

天上落石到宋国,鸟儿退飞过宋都

宋襄公辅助齐国太子当上了国君

宋襄公举行鹿上之盟

『小国争盟,祸也』

楚国伏兵擒获了宋襄公

宋楚泓之战,宋襄公不鼓不成列,兵败受伤而死

五 晋文兴霸 九七

（一）周成王的弟弟叔虞封在唐，即后来的晋

晋文侯『仇』这个名儿没有取好

晋献公灭掉了同姓的虢、虞二国

晋献公宠爱骊姬，太子自杀

晋国驱逐群公子，重耳、夷吾流亡国外

秦国让夷吾回国做了国君

（二）重耳在狄国的生活

卫国野人给重耳一个土块

重耳在齐国过上了安逸日子，不想走了

曹共公偷看重耳洗澡

重耳答应楚成王退避三舍

秦穆公送重耳回国做了国君

晋文公勤王，帮助周天子平定叛乱

晋文公向天子提出了非分之想

（三）楚国在齐国的谷地安插钉子

楚国包围了宋国，宋国岌岌可危

晋国攻打曹、卫以救宋国

晋文公报答曹国的僖负羁

晋楚城濮之战，晋文公梦见楚庄王骑在自己身上啃自己的脑袋

楚国的子玉兵败自杀，晋文公一战而霸

（四）周天子赐命晋文公为侯伯，赐给他弓、箭

晋文公主持践土之会，号召大家辅佐王室

卫文公和他的臣子在晋文公那里打官司

卫成公被允许回国继续主持国事

晋、曹的国君被允许回国继续主持国事

晋、秦攻郑，烛之武退秦师

六 秦穆西霸 （一三五）

（一）秦的建国
秦穆公用五张羊皮换回了贤人百里奚
秦穆公派船队给遭受饥荒的晋国送去粮食
秦国饥荒，晋惠公却袖手不管
秦晋韩原之战，秦国俘获了背惠食言的晋惠公
秦穆公的投资没能赢利

（二）晋文公的灵柩发出了牛叫声
秦穆公不听蹇叔的劝阻，派军偷袭郑国
郑国的爱国商人弦高计退秦军
晋襄公率军在殽地全歼秦军，俘获秦军三帅
先轸当着晋襄公的面吐唾沫
秦穆公东进受阻，遂霸西戎

七 楚庄称霸 ……〔五七〕

（一）
楚君熊通自封为王
楚成王立了蜂目豺声的商臣为太子
楚成王被儿子逼死前想吃熊掌，死不瞑目
楚庄王三年不飞不鸣，一飞冲天，一鸣惊人
郑国倒向楚国
宋国华元被自己的驾驶员出卖

（二）
晋灵公不君
这个杀手不太冷
『弃人用犬，虽猛何为！』
赵穿杀死晋灵公，太史书写『赵盾弑其君』
楚庄王询问九鼎的大小、轻重
兰花变的郑穆公死去了
『食指大动』与『染指于鼎』

（三）
楚庄王灭若敖氏
郑国遭受晋、楚南北两方的欺凌
陈灵公被情人的儿子杀死
楚庄王讨伐陈国，灭陈又复陈
楚国攻破郑国，郑襄公肉袒牵羊迎接楚庄王
晋国军队救援郑国慢了一步，还打不打楚军，
这是一个问题

（四）
楚军与晋军作不作战，也是一个问题
晋军统帅之间意见分歧
楚国超强三人组向晋军挑战
父亲失去了儿子
『舟中之指可掬也』
楚庄王说：『止戈为武。』

八 吴越争霸 一九七

(一)
- 美女与复仇
- 鲁成公七年，是一个『吴国年』
- 吴国在背后捅楚国的刀子
- 伍子胥逃奔到吴国
- 专诸刺杀吴王僚
- 『五战，及郢』
- 申包胥哭秦廷
- 楚国被吴国所迫，把都城从郢迁到了鄀

(二)
- 吴王阖庐受伤而死
- 阖庐的儿子夫差立志报仇，打败了越王勾践
- 伍子胥预言吴将被越所灭
- 吴国在艾陵大败齐国
- 吴国和晋国在黄池之盟中为先后次序争了起来
- 晋国派人来慰问夫差
- 『孤老矣，焉能事君？』
- 越灭吴，号称霸王

九 春秋历史年表
二一七

十 再版后记 出版后记
二二七

《左传》简介（一）

● 书名为何叫《左传》

　　《左传》，相传作者是左丘明，是解释《春秋》这部书的，古人把对一部书的解释叫作"传"，所以后世称其为《左传》，即《春秋左氏传》的简称。解释《春秋》的书，流传到今天的一共有三部，除《左传》外，还有《公羊传》和《谷梁传》。

　　所以要了解《左传》，就有必要先说一下《春秋》这部书。《春秋》是一部记载鲁国历史的编年体史书，它所记载的这段历史时期，后世称之为"春秋时代"。"春秋时代"这个名称的由来，便是因为《春秋》这部书。

● 《春秋》是各诸侯国史书的一种通称

　　不过，在当时并不是只有鲁国记载自己历史的书才叫作《春秋》，其他一些国家记载自己历史的书也常常叫作《春秋》。在《墨子·明鬼下》中，就提到有"周之《春秋》""燕之《春秋》""宋之《春秋》""齐之《春秋》"。可见，"春秋"本来是当时各国史书的一个通称，因此墨子说他曾看过"百国《春秋》"。也有国家把本国史书另起名字的，如晋国的叫《乘》，楚国的叫《梼杌》，它们和鲁国的《春秋》是性质相同的书。所以《孟子·离娄下》说："晋之《乘》，楚之《梼杌》，鲁之《春

● "春秋"的含义

● 孟子说孔子删定整理过《春秋》

● 《春秋》的记事起止

● 《春秋》的内容

秋》，一也。其事则齐桓、晋文，其文则史。"

那为什么各国记载历史的书，名字要叫作"春秋"呢？因为各国这些记载历史的书，基本都采用了按照年代、时间先后顺序编写的方法来书写历史，也就是后世所说的"编年体"。年代有先后，一年之中也有春、夏、秋、冬四季的先后，于是错举春、秋二季之名，用来通指一年。历史也是一个春夏秋冬之后，紧接着又一个春夏秋冬，于是"春秋"成了史书的代称。也有学者认为，在上古时期（西周之前），一年只有春、秋两个季节，所以用"春秋"来指一年。

记载鲁国历史的这部《春秋》，很早人们便认为它经过孔子的删定和整理。这个说法开始于战国时候的孟子，其后许多学者也这么认为；现代有学者认为《春秋》这部书其实本即鲁史，和孔子没有什么关系，至多孔子曾把它作为教材来教过学生。

《春秋》的记事起止，可以用八个字来概括：始于鲁隐，绝笔获麟。即开始于鲁国国君隐公元年（公元前722年），结束于鲁国哀公十四年（公元前481年），一共二百四十二年。在鲁哀公十四年，《春秋》中记载说：

十有四年春，西狩获麟。

哀公十四年的春天，在西边狩猎时捕获了麟。麟，被认为是一种灵异吉祥的动物，本来是有了圣王才会出现，现在它出现得不是时候，鲁哀公也不该捕获它，所以《春秋》的作者便搁笔于此，不再写了。

《春秋》记载的内容，大多是政治活动，也有少量自然现象。大约征伐占百分之四十，会盟占百分之二十，朝聘占百分之二十，祭祀、婚丧等占百分之十，日月食、

六 一 《左传》简介（一）　　隐 桓 庄 闵 僖 文 宣 成 襄 昭 定 哀

星变、地震、陨石、雨雪、水旱灾害等占百分之十。《左传》中说"国之大事，在祀与戎"，就是说，那个时代一个国家最重要的大事，就是祭祀和战争。这两种事，成为当时各个诸侯国最主要的政治活动。偏重于记载政治活动，这也是中国历代史书的一个特色。

● 《春秋》是一部"世界史"

《春秋》不仅记载鲁国的历史，也记载周王和其他诸侯国的历史，所以钱穆先生说它是"一部诸夏的国际史，亦可称为乃是那时的一部天下史或称世界史"，"是把天下一家的大一统观点来写的一部世界通史"。（钱穆：《中国史学名著》）

● "春秋笔法"

但是，《春秋》记载历史十分简略，缺漏的地方也很多。从鲁隐公元年到鲁哀公十四年，一共二百四十二年的历史，记载的文字总共也只有一万六七千字，记载一件事最短只用一字，最长也仅四十余字。《春秋》的措辞比较隐晦，这种隐晦地通过选择不同的字词来表达褒贬含义的书写方法，被后世称之为"春秋笔法"，例如，同是记载征战，有伐、侵、战、围、救、取、执、溃、败等不同的用词，有时很不容易读明白，于是就出现了专门解释、阐发《春秋》的书，也就是所谓的"传"——《春秋》也就被称为"经"了。如前所述，这样的"传"流传到今天的有三部，即《左传》《公羊传》和《谷梁传》，它们合称"《春秋》三传"。

● 《公羊传》《谷梁传》的特点

三传之中，《公羊传》可能在战国末期已成书；《谷梁传》中有大量转录或增添《公羊传》的内容，成书较晚一些，这二传大概都是到了汉代才写定。《公羊传》和《谷梁传》常常用一问一答的形式来解释《春秋》，喜欢从中阐发政治、道德上的微言大义，这是它们的显著特点。此二传在汉代由当时通行的隶书写定，被称为"今文经"，受到尊崇，被朝廷立于学官，设有博士，成为当

一 《左传》简介（一）

隐｜桓｜庄｜闵｜僖｜文｜宣｜成｜襄｜昭｜定｜哀

● 《左传》的特点

时的官方"《春秋》学",尤其是《公羊传》,特别受到重视。

《左传》的成书比《公羊传》和《谷梁传》都要早,大概在战国的中前期。有资料表明,《左传》在战国就已开始流行,许多战国时代的上层人物都喜爱《左传》并引用其中的文句。但是在汉代,《左传》并不流行,只在民间个别流传,和《公羊传》《谷梁传》是官学不一样,它是民间的私学。

西汉末年有一位学者刘歆,在汉王朝国家图书馆看到了这部还是用战国文字写成的《左传》,非常喜欢,他努力想让朝廷也把《左传》立于学官,设博士,但最终也没有结果。据说,刘歆一家人都喜欢读《左传》,他的父亲爱读,他也爱读,甚至连他家里的子弟、家眷、仆人,都会哼唧吟诵。《左传》由于是用汉代人已不太能读懂的战国时期东方六国的文字写成的,所以被称为"古文经"。和《公羊传》《谷梁传》相比,《左传》更注重史事的记载,整部《左传》大约十八万字,是三传里文字最多的。

《左传》在西汉虽然不被认可,但经过刘歆等人的努力,到了东汉以后开始逐渐受到重视,许多大学者如郑众、贾逵都为《左传》作注,认为《公羊传》义短,《左传》义长,三国时的钟繇以烹食为喻,戏称《左传》是"大官厨",乃皇家御膳,《公羊传》为"卖饼家",是摊贩小吃。可见到了三国时期,它们之间的地位发生了变化,这反映了《左传》的价值逐渐被学者们认可和推崇。

虽然有刘歆的努力,但《左传》在汉代却并没有得到官学的地位,原因可能很多,其中原因之一,是西汉时人们只认为《公羊传》和《谷梁传》才是《春秋》的传,许多人认为《左传》并不是《春秋》的传,甚至到了近现代，也有学者认为《左传》是刘歆伪造的。

其实，事实并不是这样，《左传》和《春秋》的关系，在汉代就有学者将之比喻为衣之表里，二者相辅相成，缺一不可。汉代的桓谭在《新论》里说："《左氏传》于《经》犹衣之表里，相待而成。经而无传，使圣人闭门思之十年，不能知也。"也就是说，有了《左传》，我们才能更好地理解《春秋》；反过来，有了《春秋》，才会把《左传》读得更明白。

- 有了《左传》，我们才能更好地理解《春秋》；有了《春秋》，才会把《左传》读得更明白

我们今天阅读《左传》，会看到《左传》中收录了《春秋经》的所有内容，也就是说，我们看到的已是一个"经"（《春秋》）和"传"（《左传》）的合编本。不过在早期，大概在西晋之前，《春秋》和《左传》其实是分别单独流传的，到西晋时杜预为《左传》作注时，才把经、传合编到一起。

- 今天通行的《左传》已经是一个经、传合编的本子

《左传》的记事，和《春秋》一样开始于鲁隐公元年（公元前722年），但一直记到赵、魏、韩三家灭晋（公元前453年），比《春秋》下延二十八年。《左传》里的《春秋》，记事止于鲁哀公十六年（公元前479年），最后一句是"夏四月己丑，孔子卒"，这和《公羊传》《谷梁传》中的《春秋》都止于鲁哀公十四年不太一样，一般认为这是孔子弟子在孔子死后，补记了两年到孔子去世为止。所以《春秋》的下限，一般不把这两年计算在内。

- 《左传》的记事起止

《左传》虽然解释《春秋》，但并不为《春秋》所拘制。在《左传》中，有一些无"传"之"经"，也就是说《春秋经》里记载有某事，在《左传》中却没有解释；在《左传》中还有很多的无"经"之"传"，也就是说在《春秋经》里并没有记载某事，在《左传》中却有记载。有的时候，《左传》和《春秋》的记载还会出现一点矛盾，一般来说，这种时候往往是《左传》对《春秋》记

● 《左传》的作者是谁

载失误的地方进行了纠正。

《左传》的作者，司马迁在《史记》中认为是鲁国人左丘明。《史记》中说，鲁国的左丘明担忧弟子们在读《春秋》时出现误解，失去了孔子的原意，所以写了《左传》专门来解释《春秋》。关于左丘明这个人，历史上确有其人，《论语·公冶长第五》里就记载有孔子谈到左丘明的话：

> 巧言、令色、足恭，左丘明耻之，丘亦耻之。匿怨而友其人，左丘明耻之，丘亦耻之。

不过，关于左丘明这个人还存在许多争论，问题较多。例如他的名字，有人说他姓左名丘明，也有人说他复姓左丘名明。又如他生活的时代，有人认为他比孔子早，有人认为他和孔子同时，也有人认为他是孔子的学生，时代要晚于孔子。

不管怎样，实际上都没有确凿的证据，能表明左丘明就是《左传》的作者。有学者认为，《左传》的作者并不是左丘明，而是战国时代的儒家别派中的某一人；也有学者认为《左传》的作者可能是战国的吴起。在今天，这个问题恐怕还很难有定论，有待继续探讨。

● 《左传》是上古汉语言文学的典范之作

《左传》一书，其语言文字既平易简直，又生动形象，既擅长宏大战争场面的描写，又能对人物作栩栩如生的细节刻画，是上古汉语言文学的典范之作，对后世史学、文学都产生了重要影响。

《左传》简介（二）

- ● 《左传》编年记事的特点

- ● 十二位鲁公在位年数：

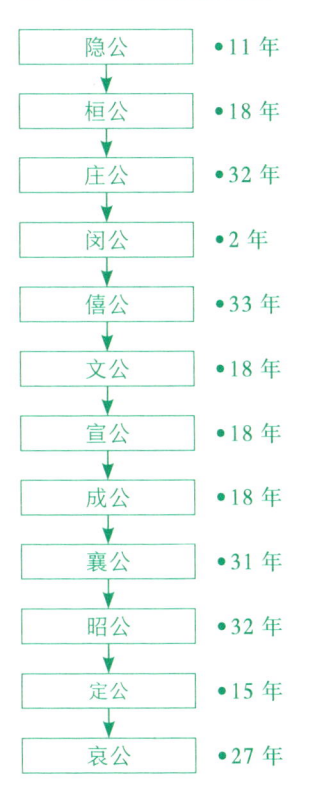

隐公	●11 年
桓公	●18 年
庄公	●32 年
闵公	●2 年
僖公	●33 年
文公	●18 年
宣公	●18 年
成公	●18 年
襄公	●31 年
昭公	●32 年
定公	●15 年
哀公	●27 年

《左传》记事，是按照编年的形式，具体来说，就是按照年、时、月、日的先后顺序来记事。

先说纪"年"。这个"年"其实并不是以当时的周天子为中心的纪年，而是鲁国国君的在位年次。《左传》里面记载的鲁国国君一共有十二位，始于鲁隐公，终于鲁哀公，按照先后顺序，分别是：

隐→桓→庄→闵→僖→文→宣→成→襄→昭→定→哀

每位鲁国国君在位期间，记事都是从元年开始，元年也就是国君在位的第一年，然后二年，然后三年，如此类推。无论是其他诸侯国还是周天子，有关他们的记载，在《左传》中也都被统入这个纪年框架之中。这其实也好理解，因为《左传》是用于解释《春秋》的，而《春秋》本就是鲁国史官对鲁国历史的记载。

所以，大家如果有兴趣去尝试读一读《左传》，那么记住这十二位鲁公的顺序，将对你有很大的帮助。它可

| 隐 | 桓 | 庄 | 闵 | 僖 | 文 | 宣 | 成 | 襄 | 昭 | 定 | 哀 |

以被视为一条时间线，而时间线是编年体的核心。

再说"时"。"时"就是季节，包括春、夏、秋、冬四个季节。在《左传》中，一年的记事，总是以春季为始，因为春季是一年当中的第一个季节，最后以冬季作为结束。

"月"，即月份，按照一年中十二个月的顺序，从正月也就是一月开始，到十二月结束。

"日"，即一个月里的每一天。大月30天，小月29天，纪日也是按照一个月里日子的先后顺序进行。不过《左传》纪日不使用我们今天初一、初二的这种方法，而是用干支（也就是六十个甲子）的顺序来纪日。

"干"是天干，共10个，即甲、乙、丙、丁、戊、己、庚、辛、壬、癸；"支"是地支，共12个，即子、丑、寅、卯、辰、巳、午、未、申、酉、戌、亥。十天干和十二地支依次一共可以排列组成六十个干支，又称为六十甲子（以"甲子"开始，以"癸亥"结束）。

天干地支表如下：

十天干	甲	乙	丙	丁	戊	己	庚	辛	壬	癸
十二地支	子	丑	寅	卯	辰	巳	午	未	申	酉	戌	亥

由十个天干和十二个地支组成了六十干支：

甲子	乙丑	丙寅	丁卯	戊辰	己巳	庚午	辛未	壬申	癸酉
甲戌	乙亥	丙子	丁丑	戊寅	己卯	庚辰	辛巳	壬午	癸未
甲申	乙酉	丙戌	丁亥	戊子	己丑	庚寅	辛卯	壬辰	癸巳
甲午	乙未	丙申	丁酉	戊戌	己亥	庚子	辛丑	壬寅	癸卯
甲辰	乙巳	丙午	丁未	戊申	己酉	庚戌	辛亥	壬子	癸丑
甲寅	乙卯	丙辰	丁巳	戊午	己未	庚申	辛酉	壬戌	癸亥

用干支来纪日的传统在中国起源很早，在商代的甲骨文记载中就已经很常见了。六十个甲子在纪日时循环反复使用，是一个有序的组合，如果某一个月的第一天是甲子，那么我们就知道乙丑是这个月的第二天，丙寅是这一个月的第三天，癸酉是这一个月的第十天，依次类推。

但是，由于大月有30天，而小月只有29天，干支却有60个，两个月与一个甲子并没有完全吻合。因此，我们看到的实际情况是，一个月的第一天往往并不是从"甲子"开始的。

要想知道某一个干支纪日到底是这一个月的第几天，最好的办法就是先知道这一个月的第一天的干支是什么，然后按照顺序一推算就知道了。所以古人特别注意记载一个月的第一天（也就是"朔"日）或一个月的最后一天（也就是"晦"日）的干支是什么，知道了一个月第一天或者最后一天的干支是什么，我们就能推出这一个月里的其他纪日干支到底是第几天。所以，记载朔、晦很重要。

● "朔""晦"的记载很重要

例如，《左传》僖公五年（公元前655年）记载：

冬十二月丙子朔，晋灭虢。

那么，我们就知道"丙子"这一天是十二月的第一天，在这一天晋国灭掉了虢国。

又如《左传》襄公十八年（公元前555年）记载：

十月……丙寅晦，齐师夜遁。

那么我们就知道，这一年十月份的最后一天是丙寅，齐国的军队在晚上悄悄撤走了。但实际上，遗憾的是，古书里特别明确记载某一月"朔"或"晦"是哪一个干支的材料并不多，所以对于我们今天一般人来说，要想通过这种纪日的方法，去弄清楚上古时期某个干支所记的日子到底是这一个月的哪一天，已不是一件容易的事了。

《左传》这种按照年、时、月、日先后顺序记载历史的体裁形式，后世称之为"编年体"。

- 编年体是先秦史书编撰体裁的主流

编年体是先秦史书编撰体裁的主流。为了对这种编年体裁有一个直观的印象，下面我们来看《左传》里的《春秋经》中的第一句话：

- 《春秋》隐公元年：
  元年春王正月。

元年春王正月。

这句记载中，"元年"就是纪年，表示这一年是鲁隐公元年，也就是鲁隐公在位的第一年，即公元前722年；"春"就是春季；"正月"大家都知道，指一年中的第一个月。这一句话，包含了年、时、月三个时间因素，只是没有日。

- 鲁国《春秋》使用的是周王的历法

那么，此句中的"王"又是什么意思呢？这个"王"是指周王，在这里表示鲁国使用的历法是周王的历法，即王历，也即所谓的"周正"。

在上古时代，有所谓"三正"，即夏、商、周三代各自使用的历法：夏正、殷正、周正。"夏正"即我们今天所说的农历；"殷正"则是在"夏正"的基础上早一个月，把今天农历的十二月作为正月；"周正"则又在"殷正"的基础上再早一个月，即把今天农历的十一月作为正月。

● 夏、商、周三代历法的第一个月早晚不一样

三正的区别

夏正	十一月	十二月	正月	二月	三月	四月	五月	六月	七月	八月	九月	十月
殷正	十二月	正月	二月	三月	四月	五月	六月	七月	八月	九月	十月	十一月
周正	正月	二月	三月	四月	五月	六月	七月	八月	九月	十月	十一月	十二月

可见"三正"的区别是岁首不一样，也就是一年的第一个月的早晚不一样。其中"夏历"比较适用于农业生产，今天都还在使用，我们现在过的许多节日，如春节、端午、中秋等，都是根据夏历而确定的。

● 在春秋时期，并非每个诸侯国都使用周历

在春秋时期，并非每个诸侯国都使用周历。例如晋国，使用的就是夏历；而宋国，使用的是殷历。后世，如《孟子》中基本使用周历，而《楚辞》则基本使用夏历。鲁国和周王朝的关系最亲密，它的始封之祖是周武王的弟弟周公旦，也就是历史上赫赫有名的"周公"。鲁是周王朝的兄弟之国。从《左传》里的《春秋经》来看，鲁国从隐公到哀公这二百多年内，都一直使用王历，也就是"周正"。

周历和今天的农历相差两个月，周历的正月，是夏历的十一月，所以周历的春季，实际上相当于我们今天的冬季了。例如，《春秋经》成公元年（公元前590年）出现了"二月无冰"这一罕见现象，被史官特意记录下来。如果是夏历二月，那么东风解冻，无冰不是什么异常现象，也不需要史官特别记录；这里的"二月"是指周历的二月，也即夏历的十二月，正是隆冬季节，却没

- 《左传》里的《春秋经》使用的一直是周历，而在《左传》的记载中，有的时候也会使用夏历

- 鲁国国君元年即位的记载，在《春秋》中是有固定格式的

有冰冻，用我们今天的话说就是出现了"暖冬"，所以史官要把这一气候异常情况记录下来。

在《左传》的记载中，有的时候也会使用夏历，例如，隐公六年（公元前717年），《春秋经》里记载：

冬，宋人取长葛。

冬季，宋国攻取了长葛这个地方。在《左传》中却记载为：

秋，宋人取长葛。

周历的冬季相当于夏历的秋季，可见，《左传》在此处使用的是夏历。

按照《春秋》的记事原则，鲁国国君的元年，史官都应记载为"元年春王正月公即位"，然而这里鲁隐公元年却只记"元年春王正月"，而没有记载"公即位"，这是为什么呢？《左传》对此有明确的解释：

不书即位，摄也。

《左传》的解释是：不记载鲁隐公即位，是因为鲁隐公是摄位，只是一个代理国君，是摄政，所以不记载他"即位"。那么，真正应该继承君位做鲁国国君的人是谁呢？应该是鲁隐公的弟弟，名字叫作允，也就是后来的鲁桓公。因为允这时候的年纪太小，所以鲁国人就让他的哥哥息姑也就是鲁隐公摄政。为什么弟弟应该继承君位，而哥哥反倒不能名正言顺地做国君呢？因为他们母亲的身份不一样。

春秋女子的姓名问题

隐公和桓公的父亲鲁惠公,《左传》记载他先后娶了三位女子。他的原配第一夫人叫"孟子",大家不要把这个女"孟子"和战国时期那个大大有名的男"孟子"搞混了。战国时那个"孟子"用今天的话来说是姓孟名轲(他名字中的"孟"本是氏,后来变成了姓),"子"是对人的一种尊称,"孟子"就相当于今天我们所说的"孟先生""孟老师",和"孔子"的"子"是同样的意思;而春秋时作为国君夫人的这位"孟子",其中的"孟"则是表示她的排行,孟、仲、叔、季,可知她在家中排行老大,其中的"子"才是她的姓,所以这儿的"孟子"的意思就是"子姓的大女儿"。子姓的国家,大家知道有宋国,所以这位夫人应该就是从宋国娶来的。同样的道理,历史上曾哭倒长城的孟姜女,其实也并不姓孟名姜,而是"姜姓的大女儿"。

春秋时代贵族女子的姓名,除了可以是排行和姓的组合外,也可以是她的国家和姓的组合,例如来自齐国的姜姓女子,可以叫作"齐姜";还可以是她丈夫国名和姓的组合,例如这个齐国女子嫁给了芮国的国君,那她可以叫"芮姜";还可以是自己或丈夫的谥号和姓的组合,例如这个齐国女子如果谥号是"哀",就可以叫作"哀姜",如果这位女子嫁给了郑武公,她丈夫的谥号是"武",那么她也可以叫"武姜"。

总之,女子名称中必须始终包含着她的姓,这个姓要跟随她一辈子,主要目的是防止嫁人时嫁给了同姓。同姓相婚的恶果,《左传》里说得很清楚:"其生不蕃。"意思是在生育子女上会出现问题。可见春秋时代的人们,已经很懂得优生学的原则了。所以对于女子来说,姓很重要,是用来"别婚姻"的。

可惜的是,鲁惠公的原配夫人孟子没有生下儿子就

- 《左传》隐公元年：

  惠公元妃孟子。孟子卒，继室以声子，生隐公。宋武公生仲子。仲子生而有文在其手，曰"为鲁夫人"。故仲子归于我。生桓公，而惠公薨，是以隐公立而奉之。

死去了。惠公又续娶了一位女子叫声子（"子"是她的姓，"声"是她的谥号），生下了隐公。但是据《史记》记载，这位声子是贱妾，身份比较低下，大概因此也就不能被立为正夫人，她的儿子隐公，也就不能被立为太子做国君继承人了。惠公后来又娶了宋武公的女儿仲子（"仲"是她的排行，即老二；"子"是指她的姓，即宋国的国姓），《左传》里面记载这位仲子姑娘一生下来，手上就有"鲁夫人"这样的文字，表明她将来要做鲁国的夫人，所以后来就嫁到了鲁国，成了鲁惠公的夫人，生下了鲁桓公。

不过据司马迁《史记》记载，其实这位宋国的仲子姑娘，本来是为长大成人的息姑（也就是后来的鲁隐公）所娶的媳妇，来到鲁国以后，息姑的父亲惠公见她太漂亮，干脆就占为己有，而且还把她升为正夫人。

司马迁的这个记载，清代学者高士奇在他的《左传纪事本末》一书中认为不可信。高士奇认为鲁惠公虽然算不上是贤君，但是鲁国一直秉持和遵守周礼，是一个礼仪之邦，不应该有这种丑事。笔者认为，司马迁应当是看到了其他记载有这件事的材料，才会如此记录，并非空穴来风。

- 鲁隐公没有做国君的资格

隐公年纪虽长，但他母亲的身份是妾，身份比较低下；桓公年纪虽小，但他母亲是夫人，身份尊贵。母亲的身份贵贱不一样，直接就会导致儿子的身份不一样：母贵则子贵，母贱则子贱。

- 春秋时代确立国君继承人的原则

春秋时代，在确立国君继承人的原则上，按照《公羊传》的说法是：

立嫡以长，不以贤；立子以贵，不以长。

同是嫡子，要看谁年纪最长，而不看他贤不贤；同是诸子，要看他的身份贵不贵，而不管他年纪长不长。

隐公只是因为桓公年纪太小而代行国君之政，并非鲁国真正的国君，所以，鲁国的史官在记载鲁国历史的《春秋》里，于隐公元年也就不书"公即位"了。

后来桓公的母亲仲子死去，《春秋》记载为"夫人子氏薨"，我们知道，只有诸侯和诸侯夫人死去，才能称"薨"，且为仲子修建了宗庙；而隐公的母亲声子死去，却只记载为"君氏卒"，连讣告也没有给诸侯发。这一"薨"与"卒"的记载，正揭示了她们二人的身份贵贱有别，也表明了隐公只是摄位而已。

《春秋》和《左传》记载，在鲁隐公元年也即隐公摄位的第一年，即公元前722年里，发生的事情还有：

- 《春秋》隐公元年：
  三月，公及邾仪父盟于蔑。

三月，隐公和邾（zhū）国的国君仪父在蔑这个地方会盟。蔑就是姑蔑，在今山东省泗水县，在这里之所以省称"姑蔑"为"蔑"，是因为隐公的名字"息姑"中也有个"姑"字，当时的史官要为他避讳，所以这里省称"姑蔑"为"蔑"。隐公摄位后，想和旁边的邾国搞好关系，所以两国在姑蔑结盟。

- 春秋时代的"盟"

春秋时代的"盟"，是国与国之间或个人与个人之间一种重要的文字约信方式，其程序基本上是这样：先在地上挖一个方坑，然后宰杀牛、羊、马作为牲，割下它的左耳朵，装在一个盘子里，再把它的血盛在一个容器里，之后读双方的盟约给神听，双方参加盟会的人，按照尊卑次序一一用嘴稍微吮吸一下盛在那个容器里的血，这叫作"歃血"；歃血后，把盟约的正本放在牲上和容器里剩下的血一同埋在坑里，盟约的副本则双方各拿一份回去收藏。

据《周礼》记载，在当时，专门有"司盟"这种官员，主管盟书及其礼仪，盟书则收藏在专门的"盟府"里，需要时可以进行查阅。后世有"执牛耳"这个说法，就是来源于盟这一程序中相传牛耳为尊者所执的典故。

1965年在山西侯马发现了春秋晚期晋国的盟誓遗址，有盟书的坑共四十多个，出土盟书共有五千多件，这些盟书是用朱色或墨色写在石片或玉片上。1979年在河南温县又发现了晋国的盟誓祭祀场遗址，其中有十六个坑发现了石质盟书，约出土一万件盟书。这些坑基本都是长方形，里面埋的牲有牛、羊，也有马等。从其他一些文献的记载看，牲有时还用鸡。

● "盟"在春秋时期的国家政治生活中占据着重要的地位

可见，"盟"在春秋时期的国家政治生活中占据着重要的地位。《左传》里面记载的盟会，就多达二百多次。例如春秋五霸之一的齐桓公，他在位的四十三年间，召集诸侯的盟会就有二十三次，齐桓公正是通过各种盟会和做盟主，来展开和表现他在"国际"上的霸主实力。

● 借助神明的力量，巩固和监督盟誓

这种盟的程序，主要在于要让神明来做见证人，谁违背了盟誓，就会受到神明的惩罚，也就是要借助神的力量，来巩固和监督双方的这种契约，以使彼此守信。所以《左传》襄公九年（公元前564年）说："盟誓之言，岂敢背之？"《左传》昭公十六年（公元前526年）说："世有盟誓，以相信也。"《左传》哀公十二年（公元前483年）子贡也说："盟所以周信也。"谁如果违背盟誓，是要受到惩罚的，《左传》里记载：

● 违背盟誓，是要受到惩罚的

有渝此盟，明神殛之，俾队其师，无克祚国，及而玄孙，无有老幼。

意思是有谁违背此盟约，神灵就会诛灭他，让他的军队颠覆，让他不能享有国家，祸害一直要延及他的玄孙，而且不分老幼。可见，后果是相当严重的。

严格说来，"盟"和"誓"是有区别的，主要区别是盟用牲而誓不用牲，所以《礼记·曲礼下》中说"约信曰誓，莅牲曰盟"，即用言辞来互相约束叫"誓"，杀牲歃血来互相约束叫"盟"。不过，在《左传》中，"盟誓"常常连言。后世所见帮会中所谓的"喝血酒"，大概就是"血盟"的一种延续。

● 《左传》隐公元年：
　　秋，七月，天王使宰咺来归惠公、仲子之赗。缓，且子氏未薨，故名。天子七月而葬，同轨毕至；诸侯五月，同盟至；大夫三月，同位至；士逾月，外姻至。赠死不及尸，吊生不及哀，豫凶事，非礼也。

秋七月，周天子，也就是当时的周平王，派人送来鲁惠公和仲子的助丧用品。诸侯及其夫人去世，按照当时的礼制，要向天子报告，还要给其他诸侯发讣告，天子和其他诸侯要派人送去一些助丧用品，这些助丧用品叫作"赗"（fèng），主要是车、马和帛。但鲁惠公是前一年去世的，周天子到了第二年秋七月才派人把助丧用品送过来，太晚了；而且仲子此时还没有去世，周天子却提前把她的助丧用品也一并送了过来，这也不是好兆头。因此，《左传》就批评此事"非礼也"，不合当时的礼制。

丧葬之礼，是礼制中最重要的内容之一。"五礼"吉、嘉、宾、军、凶，丧礼就是其中"凶礼"的主要内容之一。按照当时的礼制，天子死后要经过七个月下葬，诸侯全部参加葬礼；诸侯死后要经过五个月下葬，同盟的诸侯来参加葬礼；大夫死后经过三个月下葬，官位相同的来参加葬礼；士死一个月以后下葬，他的姻亲参加葬礼。向死者赠送东西却没有赶上下葬，人还没有死就先赠送相关的丧葬用品，这都是不合礼制的。

● 《左传》隐公元年：
　　惠公之季年，败宋师于黄。公立而求成焉。九月，及宋人盟于宿，始通也。

九月，鲁国又与宋国盟于宿，宿在今天山东省东平县境。鲁国在鲁惠公晚年，曾和宋国打过仗，现在隐公刚刚主持鲁国国政，首先需要和周边的国家搞好关系，所以就和以前有过战争的宋国开始友好往来。

● 《左传》隐公元年：

　　冬，十月庚申，改葬惠公。公弗临，故不书。惠公之薨也，有宋师，太子少，葬故有阙，是以改葬。卫侯来会葬，不见公，亦不书。

　　和邻国搞好关系很重要，《左传》里就曾说："亲仁善邻，国之宝也。"即亲近仁义，和邻国搞好关系，是治理国家的法宝。

　　冬十月庚申这一天，鲁国改葬了惠公。因为惠公当初去世的时候，鲁国正好和宋国在打仗，太子又年幼，下葬就比较匆忙，所以现在进行了改葬。改葬时，隐公并没有亲自临丧哭泣，因为隐公只是摄位之君，不敢以丧主自居，所以没有去，因而《春秋经》里也就不记载这件事了。卫国的国君来参加了惠公的改葬，因为没有见到隐公，所以《春秋经》里，也不记载这件事。

　　以上便是依照编年体这种体例，在《左传》鲁隐公元年中的一些记载。《左传》记载的上面这几件事，都和鲁国直接相关，是在鲁国发生的事情。但在隐公元年，还发生了一件大事，这件事虽然没有发生在鲁国，却是一件值得大书特书的事情，《左传》对此做了详细记载。这件事，我们下一讲慢慢地去说它。

郑庄小霸（一）

● 《春秋》鲁隐公元年：
　　夏五月，郑伯克段于鄢。

● 《左传》鲁隐公元年：
　　初，郑武公娶于申，曰武姜，生庄公及共叔段。庄公寤生，惊姜氏，故名曰寤生，遂恶之。爱共叔段，欲立之。亟请于武公，公弗许。

　　鲁隐公元年（公元前722年），也就是《春秋》的第一年里，记载了这样一句话：

　　夏五月，郑伯克段于鄢。

　　对史家来说最为重要的时间、人物、地点、事件这几个关键因素，虽然在这句话中都有了，但仅凭此我们仍然不了解这一历史事件的详情。还好，《左传》对此做了详尽的解释。

　　这要从郑伯，也就是郑庄公的出生说起。当初，郑庄公的父亲郑武公，他的夫人是从申国娶来的，叫作武姜。武姜生了郑庄公和共叔段，但在生郑庄公的时候，出现了异常，《左传》记载：

　　庄公寤生，惊姜氏，故名曰寤生。

　　一般生孩子，都是头先出来，脚后出来，即头下脚上。但武姜生庄公时却是脚下头上，反过来了，所以就给郑庄公取名叫"寤生"。郑庄公的出生让姜氏大受惊吓，她也就不喜欢这孩子了。姜氏很爱庄公的弟弟共叔段，甚至想把共叔段立为太子，多次向郑武公请求，但郑武公不同意。

等到郑庄公即位以后，他的母亲姜氏请求把制这个地方作为封邑给共叔段。郑庄公说："制是一个地势险要的地方，从前虢叔就死在制。这里不行，但其他的城邑都可以给他。"姜氏就要了京这个地方，共叔段到了京，称为京城太叔。

郑庄公有一个臣下叫祭仲，他对庄公说："一个城邑，若是城墙超过了一百雉（一百雉为300丈，国都的城墙为三百雉，也就是900丈），就会成为国家的祸害。最大的城邑，城墙不能超过国都的三分之一（也就是300丈）；中等的城邑，城墙不能超过国都的五分之一（180丈），小的城邑，城墙不能超过国都的九分之一（100丈）。而现在共叔段居住的京这个城邑，其规模已经不符合制度的规定了，您以后将很难受。"

为什么城墙的大小会引起祭仲的警惕呢？因为城墙大，就意味着这个城邑很大，城邑大就意味着人口多、势力大。春秋时代，受封的人在自己的封邑里有很大的自主权，拥有自己独立的赋役税收和军队，俨然一个独立的小国王。难怪祭仲要为国君担忧。郑庄公回应说："姜氏要如此，我能怎么样呢？"祭仲说："姜氏哪有满足的时候！不如早点处置您的弟弟，别让他的势力蔓延，一旦蔓延开了，您就难以图谋了。蔓延的野草尚且难除，更何况您受宠的弟弟呢？"庄公说了一句有名的话："多行不义，必自毙。您就等着看吧。"

不久，太叔让西部和北部边境一带要同时听候他的调遣。这时候又有一位叫公子吕的大夫对庄公说："一个

● 《左传》隐公元年：

公曰："多行不义，必自毙。子姑待之。"

多行不义，必自毙：不义的事情做多了，自己一定就会垮掉。

国家不能忍受同时听命于两个人的情况，您现在是如何打算的呢？要是想把国君的位置让给太叔，那我就去为他做事了；若是不想给，那我就请您赶紧除掉他，别让老百姓有想法。"庄公说："用不着，他会自取其祸。"

太叔又把那些原来两属的地方完全作为自己的封邑，地盘一直扩张到廪延这个地方。公子吕着急了，说："可以行动了，他的势力再大一点就会得到民心了。"但庄公还是说："他做事不义，没人会拥护他，即使势力大了也会垮掉的。"

这边太叔把城墙修坚固了，粮食也准备够了，武器也修整好了，步兵车兵也招集全了，就准备偷袭郑国的都城，姜氏则打算作为内应，到时打开城门。郑庄公知道了他们进攻的日期，这才说："现在可以了。"于是命令公子吕率领二百辆兵车去攻打京这个地方，京地的人也起来反对太叔段。太叔段就逃到了鄢这个地方。庄公又带兵攻打鄢，五月辛丑这一天，太叔段只好又逃到了共这个地方。

这一整个事情，在《春秋》里就只被浓缩为这样一句话："夏五月，郑伯克段于鄢。"不过《春秋》中的这句话，《左传》认为大有讲头：这句话里面没有说太叔段是庄公的弟弟，是因为太叔段做得不像一个弟弟；庄公和太叔段之间就好像敌我两国，所以《春秋》用了"克"这个字；这里把郑庄公称为"郑伯"，则是借此批评郑庄公也不像一个哥哥该有的样子，不仅没有好好教诲自己的弟弟，还故意让他弟弟在反叛之路上越走越远而不加拦阻，简直就是养成其恶，欲擒故纵，有失做哥哥的厚道。这是《左传》对《春秋》的解读。

后世也有学者认为《左传》对《春秋》的这个解读不对。例如清代有一位专门研究《春秋》的学者顾栋高，

● 《左传》隐公元年：
　　书曰："郑伯克段于鄢。"段不弟，故不言弟。如二君，故曰克。称郑伯，讥失教也，谓之郑志。

他就写了好几篇论郑庄公的文章,认为郑庄公的做法无论是对他的弟弟,还是对郑国的政治来说,都是值得称赞的。

这次反叛事件,大概让郑庄公对他的母亲姜氏十分气愤,于是就把姜氏安置到城颍这个地方,还对她发誓说:"不及黄泉,无相见也。"(不到黄泉就别见面了。)之后不久,庄公又后悔了。但在那个时代,一旦发了誓,是不能随便不遵守的。

一个叫颍考叔的人知道了这件事,就拿了一些东西来献给庄公,随后庄公赏赐他吃饭。颍考叔吃饭时却把肉搁在一边,庄公问他原因,颍考叔回答说:"小人有母亲,吃过我为她准备的所有东西,但还没有尝过君王的肉汤,请允许我带回去给她尝一尝。"庄公感叹说:"你有母亲可送,我却没有啊!"颍考叔明知故问:"请问这是什么意思?"庄公就告诉了他其中的缘故,并且说自己现在后悔了。颍考叔说:"君王不用担心,如果派人挖地一直挖到泉水出现,然后两个人就在隧道中相见,谁说不可以呢?"

庄公听从了颍考叔的主意。进到了隧道里,庄公赋诗说:"大隧之中,其乐也融融。"姜氏出了隧道,也赋诗说:"大隧之外,其乐也洩洩。"于是母子二人的关系又恢复如初。《左传》用"君子曰"的形式对这件事进行了评论——《左传》里的"君子曰"或是作者自己的评论,或是其他贤人的看法:"颍考叔真是纯孝,爱自己的母亲,而且还影响到庄公。这正是《诗经》里所说的'只要孝子还存在,他的孝心就会影响到别人'。"

郑庄公在国内消除了弟弟共叔段对自己的威胁,但事情并没有就此完结。共叔段的反叛残余势力逃到了卫国,因为卫国和郑国是世仇。敌人的敌人,就成了卫

● 《左传》隐公元年:

公入而赋:"大隧之中,其乐也融融。"姜出而赋:"大隧之外,其乐也洩洩。"遂为母子如初。君子曰:"颍考叔,纯孝也,爱其母,施及庄公。《诗》曰:'孝子不匮,永锡尔类。'其是之谓乎!"

的朋友，《左传》记载，共叔段的儿子公孙滑逃到了卫国，卫国就替他攻打郑国，攻取了廪延这个地方。郑国毫不示弱，立即带领周王的军队、虢国的军队一起进攻卫国的南部边邑。

郑国之所以能调动周王的军队，是因为郑庄公此时是周天子的卿士，也就是当时周平王的执政大臣。其实此前郑庄公的父亲郑武公，就已经是周王室的卿士了。西周末年，周人遭到西方犬戎的攻击，西周的周幽王被犬戎杀死在骊山下，家国已破，后来即位的周平王无奈只好东迁洛邑，而在这次护驾东迁过程中功劳最大的就是郑国的郑武公和晋国的晋文侯。所以《左传》中说："周之东迁，晋、郑焉依。"

郑国就在洛邑之东，郑武公、郑庄公父子先后都做了周王的卿士，长期把持着王朝的政事，这自然引起了周平王的不满。后来，周平王暗地里把一些政事又交付给当时西虢的国君虢公，想削弱郑庄公的权力。这下郑庄公也不高兴了，责怨周平王，平王又得罪不起郑庄公，只好否认说："没这一回事。"双方为了让彼此相信，就互相交换人质，周平王的儿子王子狐到了郑国做人质，郑庄公的儿子公子忽到周做人质。这一事件，彻底表明了春秋时代的周王室势力已大大衰落，地位远不如从前了。这时的王室，不仅政治地位大大降低，在经济上有时也陷入困窘的处境，时不时还要向诸侯们要钱、要粮、要车。

郑伯克段两年后，也就是隐公三年（公元前720年），在位长达五十一年的周平王去世了，周桓王即位。此时周王室想趁机在平王死后把王朝的政事交给虢公。郑国于是派军队割取了周王王畿内温地的麦子。这年秋天，郑国军队又抢割了周王首都成周的禾物。周与郑的

● 《左传》隐公三年：

郑武公、庄公为平王卿士。王贰于虢，郑伯怨王。王曰："无之。"故周郑交质。王子狐为质于郑，郑公子忽为质于周。

王崩，周人将畀虢公政。四月，郑祭足帅师取温之麦。秋，又取成周之禾。周郑交恶。

● 《左传》隐公三年：
　　庚戌，郑伯之车偾于济。

● 《左传》桓公五年：
　　郑师合以攻之，王卒大败。祝聃射王中肩，王亦能军。祝聃请从之，公曰："君子不欲多上人，况敢陵天子乎？苟自救也，社稷无陨，多矣。"夜，郑伯使祭足劳王，且问左右。

关系由此恶化。也许是郑庄公做得太过火了，这年的冬天，他的车翻在了济水里。

一直到三年之后，也就是隐公六年（公元前717年），郑庄公才首次到成周去朝见即位已经三年多的周桓王，周桓王没有礼遇他。两年后，周桓王终于让虢公当上了王朝的卿士，这时，周王朝有了两位卿士，郑庄公为左卿士，虢公为右卿士，王朝政事不再由郑庄公一人把持。

即便如此，周桓王仍然没有消除对郑庄公的不满。在鲁桓公五年（公元前707年），周桓王最终全部剥夺了郑庄公在王朝的执政权，并在这一年的秋天，周桓王亲自率领军队和陈、蔡、卫三国一起攻打郑国。郑庄公也亲自带着军队，布下"鱼丽"阵法，在繻葛这个地方迎击周王的军队。不料陈、蔡、卫的军队是乌合之众，一打就先跑了，于是周王的军队也就乱了，郑国左、右、中三面趁机合攻王师，周王的军队大败而逃，周桓王的肩膀也中了一箭。有人建议追击，但郑庄公说："君子不会逼人太甚，更何况哪敢欺凌天子呢？我们也就是卫国战争而已，只要自己的国家免于危亡，也就够了。"到了晚上，郑庄公还派人去慰问周桓王和他的随从们。

这次战役，是整个春秋时代唯一的一次天子亲征。作为周天子，周桓王的这一仗可以说打得威风丧尽。周王的势力从此一蹶不振。失败的最主要原因是，周桓王没有认清当时的"国际"形势。郑庄公自克段消除了国内的隐患之后，借助自己作为周王卿士之便，经常挟天子以命诸侯，率领王师，纠集其他一些诸侯国，攻打那些不服于自己的诸侯国。在繻葛这次战争中，陈、蔡、卫的军队一打就逃，是因为在这之前他们早已吃过郑国军队的苦头了。

前面讲过，郑伯克段之后，共叔段的儿子公孙滑逃

● 《左传》隐公四年：

宋公、陈侯、蔡人、卫人伐郑，围其东门，五日而还。

秋，诸侯复伐郑。……诸侯之师败郑徒兵，取其禾而还。

● 《左传》隐公十一年：

郑伯将伐许。五月甲辰，授兵于大宫。公孙阏与颍考叔争车，颍考叔挟辀以走，子都拔棘以逐之。及大逵，弗及，子都怒。

秋，七月，公会齐侯、郑伯伐许。庚辰，傅于许，颍考叔取郑伯之旗蝥弧以先登，子都自下射之，颠。瑕叔盈又以蝥弧登，周麾而呼曰："君登矣！"郑师毕登。壬午，遂入许。许庄公奔卫。

到了卫国，卫国替他攻打郑国，郑国不仅立即攻击了卫国的南部边邑，而且在第二年的冬天，也就是鲁隐公二年（公元前721年），又再次攻打了卫国。

两年后，在卫国的怂恿下，宋、陈、蔡、卫四国的军队合起来进攻郑国，这是春秋时期首次诸侯国联合起来攻打他国。四国的军队包围了郑国的东门，五天后才撤退。此年秋天，诸侯联军又攻打郑国，并打败了郑国的步兵，割走了郑国的麦子，这一次联军除了宋、陈、蔡、卫四国外，还有鲁国的军队参加，不过鲁国这次出兵，鲁隐公并不同意，而他下面的公子翚不听话，执意带兵去参加。正是这个公子翚，七年之后杀死了隐公。

紧接着第二年（鲁隐公五年），郑国为报去年东门被围之仇，开始一一复仇还击：首先攻打卫国，虽然卫国后来又带着燕国的军队攻郑，但结果郑国大败燕国的军队；随后郑国又率领周王的军队等进攻宋国，一直打到宋国国都的外城；下一年郑国又侵入陈国，获得了很多俘虏和财物。

郑庄公由于做了周王的卿士，掌握着话语权，因此能以周天子的名义，调遣其他一些国家的军队，去讨伐那些不服的国家。宋、蔡、卫、郕等国，先后都被他以"不服王命"作为由头征伐过。

就在鲁隐公被杀的当年（鲁隐公十一年），郑国还在和鲁国商量攻打许国。这一年五月，为攻打许国，郑国在祖庙内发放武器车辆，不料以前给郑庄公建议掘地见母的颍考叔和春秋时期有名的美男子子都，为抢夺兵车而起了争执，颍考叔抱起车辕就跑，子都拔出长戟在后面追，一直追到大路上也没追上，气得子都怒火中烧。

这一年的秋天，郑、鲁、齐三国军队进攻许国，在攻城时，颍考叔扛着郑庄公的旗子抢先登城，结果子都在下面用箭射他，颍考叔中箭坠亡。另外一人又扛起旗子，登上了城，边挥旗子边喊："国君登城了！"许国的军队闻声溃退，郑国的军队悉数登城进入了城内。许国的国君仓皇逃到了卫国。

战争结束后，郑庄公让士兵们拿出猪、狗和鸡，来诅咒背后射死颍考叔的那个人，要让神降祸给他。《左传》在此事上批评了郑庄公。因为郑庄公大概知道是子都射死了颍考叔，却假装不知道，但又不能不对众人有所交代，就设诅来做表面文章。郑庄公袒护子都，大概是因为子都相貌俊美，是郑庄公的男朋友。

郑、齐、鲁三国军队攻下许国后，齐僖公把许国让给鲁隐公，隐公推辞不受而又让给郑国。郑庄公并没有就此灭了许国，只是把一些军队驻扎在许国，还让许国国君的弟弟居住在许国东部以安抚许国百姓。郑庄公说，这是"天祸许国"，只不过是借我之手来讨伐许国而已，因此自己不敢占有许国。对此，《左传》称赞郑庄公"可谓知礼矣"。这一年冬天，郑国又带着虢国的军队攻打宋国，大败宋军。

郑庄公不仅在与中原诸国的征战中多次战胜他国，他的军队在和北方戎族的战争中也多获胜利。隐公九年（公元前714年），北戎入侵郑国，结果大败。桓公六年（公元前706年），北戎又入侵齐国，齐国向郑国求救，郑国派太子忽率领军队去救援，结果又大败戎人的军队，俘获了北戎的两个首领，斩首披甲之士三百人，向齐国展示了雄风。

可以说，在《春秋》前期的这头二十年里的历史舞台上，郑庄公确实显山露水，出了不少风头，在当时的中原诸侯国中，俨然成为一个小小的霸主。

● 《左传》隐公十一年：

郑伯使卒出豭，行出犬鸡，以诅射颍考叔者。君子谓："郑庄公失政刑矣。政以治民，刑以正邪。既无德政，又无威刑，是以及邪。邪而诅之，将何益矣！"

● 《左传》桓公六年：

北戎伐齐。齐侯使乞师于郑。郑大子忽帅师救齐。六月，大败戎师，获其二帅大良、少良，甲首三百，以献于齐。

郑庄小霸（二）

郑庄公之所以能在春秋早期的中原诸侯国中称雄，若加分析，可能有以下内外原因。内部环境看，一方面郑国虽然始封于周宣王时，但其始封之君郑桓公是周宣王的弟弟，凭借这层血缘关系，郑桓公深度介入了王室政治，在诸侯中影响力大。郑桓公、郑武公和郑庄公三代都是周王朝的卿士，在相当长的时间内把持着王朝的执政权，虽然后来郑庄公、郑武公和周王的关系不是太好，但仍有挟天子以令诸侯的优势，经常能调用王、虢之师，为郑国争取了不少利益和土地。

另一方面，郑武公和郑庄公二人在君位的问题上都有很好的处理。郑武公并没有因为武姜宠爱共叔段就听从她的请求废长立幼——事实证明这往往会引发国内的动乱。郑庄公也很好地处理了国内威胁自己君位的势力，成功地解决了共叔段的问题。虽然后人多拿此事来批评郑庄公，但正是郑庄公在此事上处理得当，使得他在位四十三年期间，郑国国内政治还算稳定，没有出现大的动乱和君主的频繁更替，尤其是在克段之后的这二十来年期间，郑国不断发展，国内政治稳定。

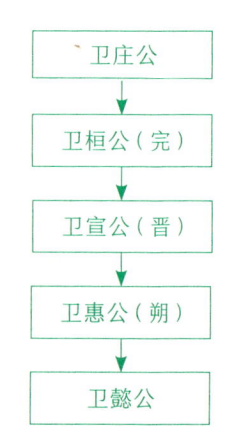

就外部环境而言，反观这段时期的其他一些诸侯国，如卫、宋、鲁、晋，都因为君位的问题而出现了血腥事件和政治动荡，国内一片狼藉。

先说卫国。卫庄公早先娶了齐国太子得臣的妹妹，叫庄姜，庄姜长得非常漂亮，在《诗经》中有一首诗《硕人》，据说就是专门为庄姜而作，诗中说这位美人"手如柔荑，肤如凝脂"，"巧笑倩兮，美目盼兮"。

卫庄公
↓
卫桓公（完）
↓
卫宣公（晋）
↓
卫惠公（朔）
↓
卫懿公

硕人

硕人其颀，衣锦褧衣。
齐侯之子，卫侯之妻。
东宫之妹，邢侯之姨，谭公维私。

手如柔荑，肤如凝脂。
领如蝤蛴，齿如瓠犀，螓首蛾眉。
巧笑倩兮，美目盼兮。

硕人敖敖，说于农郊。
四牡有骄，朱幩镳镳，翟茀以朝。
大夫夙退，无使君劳。

河水洋洋，北流活活。
施罛濊濊，鳣鲔发发，葭菼揭揭。
庶姜孽孽，庶士有朅。

但庄姜不育，没有生孩子。卫庄公又从陈国娶了一位女子，叫厉妫（guī），后者虽然生了一个儿子，但这个儿子很早就死了。厉妫的妹妹戴妫也为卫庄公生了一个儿子叫完，庄姜就把完当作自己的儿子对待。完就是后来的卫桓公。

卫庄公有一个宠爱的女人也生了一个儿子，叫公子州吁。庄姜很讨厌公子州吁，但卫庄公很宠爱他。公子州吁喜好武事，庄公听之任之，不加禁止。

卫庄公有一个老臣叫石碏（què），劝谏庄公要么立公子州吁为太子，要么就别这么过度尊宠，但庄公不听。石碏的儿子石厚和州吁交往，石碏加以禁止，却没有用。后来卫桓公即位，石碏告老退休。

郑庄公的弟弟共叔段等人叛乱失败逃走后，州吁主动和这些人交往为友。在卫桓公当国君的第十六年，也就是进入《春秋》记事的第四年（鲁隐公四年），《春秋经》记载：

卫州吁弑其君完。

州吁最终杀死了卫桓公，自己做了国君。这是《春秋》中记载的第一起弑君事件。不过，州吁却安定不了卫国的百姓，于是石厚就替州吁询问他父亲石碏有什么好主意。石碏说："去朝见一下天子就可以了。"石厚问："怎样才能去朝见天子呢？"石碏说："天子现在很宠信陈桓公，而卫国和陈国现在关系也很好，你们若去拜见陈国提出请求，就一定能成功。"

于是石厚跟随州吁前往陈国。石碏马上派人去告诉陈国说："卫国国家小，我年纪也大了，做不了什么事。现在去的这两个人，是杀死我们国君的人，请你们一定帮忙处理一下。"于是陈国把州吁和石厚抓了起来，请卫国自己派人来处置。卫国派去的人杀死了州吁，石碏也派去自己的人杀死了石厚。《左传》借君子之口评价此事时，说石碏"大义灭亲"。

● 《春秋》隐公四年：
戊申，卫州吁弑其君完。
九月，卫人杀州吁于濮。
冬，十有二月，卫人立晋。

● 《左传》隐公四年：
君子曰："石碏，纯臣也，恶州吁而厚与焉。'大义灭亲'，其是之谓乎！"
卫人逆公子晋于邢。冬，十二月，宣公即位。书曰"卫人立晋"，众也。

州吁死后，被杀死的卫桓公的弟弟公子晋被众人迎作为国君，这就是卫宣公。卫宣公这个人比较淫乱，他还没有做国君的时候，就已和他父亲卫庄公的一个叫夷姜的妾通奸，并生了一个儿子叫急子。他做了国君之后，就把夷姜立为夫人，把急子立为太子。

后来，卫宣公为急子从齐国娶了一位女子，这位女子非常漂亮，卫宣公竟然先自己娶了她，生下了寿和朔两个儿子。这位齐国的女子也就是宣姜，她与儿子朔一起挑拨卫宣公与急子之间的关系，说急子的坏话。卫宣公动了杀死急子的念头。他派急子拿着白旄尾出使齐国，同时通知刺客：杀死手上拿着白旄尾的人。

宣姜的另一个儿子寿知道了这件事，跑来告诉了急子，让他逃走。急子却不愿意逃，他说："我怎么能违背父亲的命令呢？不然还要儿子干什么。"寿在急子临行前用酒招待他，然后自己拿着白旄尾前往齐国，刺客在路上杀死了他。急子赶到后对刺客说："你们要杀的是我，他有什么罪呢？杀了我吧。"于是刺客又把急子杀了。《诗经》有一首诗《二子乘舟》，据说就是卫国人为哀悼两兄弟而作：

二子乘舟

二子乘舟，泛泛其景。愿言思子，中心养养。
二子乘舟，泛泛其逝。愿言思子，不瑕有害。

朔后来即位，就是卫惠公，在他在位前期（那时他还很年轻），他的母亲宣姜和急子的弟弟昭伯私通，并生下了好几个儿女。这位宣姜还有一位淫荡的兄弟齐襄公和一位淫荡的姐妹文姜，这两个人我们后面还会讲到。后人也认为卫地多淫乱之风，在今天的《诗经》中的

● 《左传》闵公二年：
  冬，十二月，狄人伐卫。卫懿公好鹤，鹤有乘轩者。将战，国人受甲者皆曰："使鹤！鹤实有禄位。余焉能战？"

```
┌─────────────┐
│   宋宣公     │
└──────┬──────┘
       ↓
┌─────────────┐
│   宋穆公     │
└──────┬──────┘
       ↓
┌─────────────┐
│ 宋殇公（与夷）│
└──────┬──────┘
       ↓
┌─────────────────┐
│ 宋庄公（公子冯） │
└─────────────────┘
```

《卫风》里，就有许多描述男女偷情的诗。

卫惠公在位仅仅四年就被赶走，在外流亡了八年才又在他国的支持下回国继续做国君。他的儿子卫懿公特别喜欢鹤，让鹤乘坐大夫的车子，赐给鹤很高的禄位。结果北方的狄人入侵卫国时，士兵们就对卫懿公说："派你的鹤去打仗吧，你把禄位都给了鹤，我们哪里能打仗！"于是卫国就被狄的军队灭亡了。

再说宋国。郑庄公克段之时，宋国的君主是宋穆公，他有一个儿子叫冯。两年后宋穆公生病，临死前嘱托大司马孔父嘉（孔子的祖先，字孔父，名嘉。春秋时期男子字在前名在后），让他拥立自己哥哥宋宣公的儿子与夷做国君，而非自己的儿子做国君。于是公子冯逃到了郑国。

因为宋穆公的哥哥宋宣公去世的时候，也没有把君位传给自己的儿子与夷，而传给了他认为比自己儿子更加贤明的弟弟宋穆公，所以宋穆公现在要把君位传给与夷，认为只有这样，死后才有颜面去面对自己的哥哥。虽然大司马孔父嘉说众人都拥护公子冯，但宋穆公还是坚持将君位传给了与夷，后者就是宋殇公。

宋国是殷商后裔之国，或许此时还有商王兄终弟及或传位于侄子的传统遗风。宋宣公传弟不传子的做法，《左传》称赞他遵守了道义，但《公羊传》却持完全相反的看法，认为："宋之祸，宣公为之也。"也就是说，宣公的做法，实际上为宋国埋下了祸乱之根。

宋殇公在孔父嘉的辅佐下，作了十年国君。在这十年中，宋国进行了十一次战争，主要是和郑国交战，而和郑国交战的一个主要原因是宋殇公君位的潜在敌人公子冯在郑国。长年的战争，令人民难以忍受。

- 《左传》桓公元年：
 宋华父督见孔父之妻于路，目逆而送之曰："美而艳！"
- 《春秋》桓公二年：
 春，王正月，戊申，宋督弑其君与夷及其大夫孔父。
- 《左传》桓公二年：
 二年春，宋督攻孔氏，杀孔父而取其妻。公怒，督惧，遂弑殇公。君子以督为有无君之心，而后动于恶，故先书"弑其君"。

宋国的太宰华父督（名督，字华父），一次在路上看见了孔父嘉漂亮的妻子，直盯着她走过来又目送她远远而去，口中忍不住说："真是又美又艳啊！"于是就散布宋国的战争都是孔父嘉策划的谣言，而后杀死孔父嘉，霸占了他的妻子。

宋殇公大怒，华父督心中害怕，于是又杀死了宋殇公。

为了和郑国缓和关系，华父督迎回在郑国的公子冯做国君，这就是宋庄公。华父督又对鲁、齐、陈、郑大加贿赂，各诸侯国也就对华父督睁只眼闭只眼。最终，华氏执掌了宋国的政事。

鲁隐公在位第十一年，也被大夫翚（huī）所杀。鲁桓公即位。

以上是这期间卫、宋、鲁的情况。其实，就郑国所处的地理位置来说，其正好是天下之中，是一个四战之地，要想称霸实际上比较困难。也就是说，郑国的四周环绕着其他诸侯国，周围任何一个诸侯国强大起来要想发展时，首先就会打郑国的主意。

郑当初建国于此，实属迫不得已。据《史记》记载，郑国的始封之君郑桓公是周厉王的儿子、周宣王的弟弟，最初被封在郑地（今陕西渭南华州区东）。后来，郑桓公见周幽王宠幸褒姒离弃诸侯，就询问太史伯如果将来周王室出现变故，自己应该到哪里去安身逃命，太史伯建议他迁国到现在河南新郑这个地方。

郑桓公说："我想南迁到长江岸边去，怎么样？"太史伯说："不行，南边有楚，楚以后一定会兴起的。楚一兴起，你就没办法待在那里了。"郑桓公又问："那我去西方行不行？"太史伯回答："也不好，西方的民风贪而好利，你也难以久待。"何况，西方还有秦以后会兴起。

那么，东方呢？东方是姜太公的封国齐国，所以也过不去；而北方是晋国的地盘。所以，郑后来就只好迁国于这个四战之地了。

太史伯还向郑桓公预言说，将来周衰之后，齐、秦、晋、楚一定会作为大国兴起。但是，历史把《春秋》的这前一二十年馈赠给了郑庄公。在此期间，西方的秦与戎狄杂处，触角还伸不到中原；南方的楚此时也还默默无闻，还没有进入中原人的视野；而北方的晋正处于内部分裂，彼此互相厮杀，自顾不暇；东方的齐虽是大国，但也还没有真正崛起，遇到北戎进攻时，还得求助于郑国解围。更为重要的是，郑还拉拢齐与之结盟，因此经常能得到齐国的支持。此外，郑还尽量和东方的鲁国搞好关系。因为郑不算是大国，想要在中原有所作为，就必须处理好与当时大国的关系。可见，郑在外交上也很有一套。以上所述，是当时郑国所处的外部环境。

正是在这样的内、外环境中，郑庄公成为当时中原政治舞台上的明星。但不幸的是，在鲁桓公十一年（公元前701年）郑庄公死去后，郑国也因为君位纷争而陷入了动乱之中。

郑庄公死后，本来应当由祭仲辅佐太子忽继承君位。祭仲是当时郑国的卿，正是他当初一再提醒郑庄公警惕和除掉共叔段。祭仲很受郑庄公的信任，在郑庄公死后，郑国的政局基本就是他在掌握。太子忽曾经在周做过人质，后率兵救援齐国打败了北戎的入侵，他的母亲当初就是祭仲为郑庄公娶来的，应当说，太子忽和祭仲属于同一个政治阵营。

太子忽还有三个弟弟，分别是公子突、公子亹（wěi）、公子仪，他们的母亲都深受郑庄公的宠幸。面对这种形势，祭仲曾建议太子忽一定要争取外援，也就是

● 《左传》桓公六年：

　　齐侯欲以文姜妻郑大子忽，大子忽辞。人问其故，大子曰："人各有耦，齐大，非吾耦也。《诗》云'自求多福'，在我而已，大国何为？"君子曰："善自为谋。"

● 《左传》桓公十一年：

　　郑昭公之败北戎也，齐人将妻之，昭公辞。祭仲曰："必取之。君多内宠，子无大援，将不立。三公子皆君也。"弗从。

说背后要有其他大国做依靠。

　　要得到其他一些大国的支持，在当时最主要的一个途径就是和大国联姻。碰巧的是，当时东方的大国齐国主动来提亲，齐僖公想把女儿嫁给郑国的太子忽，不料太子忽拒绝了齐国，理由是"每个人都有自己合适的配偶。齐国是大国，却不是我的配偶。我靠自己就行了，需要大国做什么！"对此，《左传》借君子之口称赞太子忽"善自为谋"，认为太子忽很善于为自己做打算。

　　太子忽没有娶的这位齐国女子，后来嫁给了鲁国的国君鲁桓公，她就是文姜。但是，这位齐国女子文姜在婚前和婚后却一直与自己同父异母的兄弟也就是后来齐国的国君齐襄公通奸，并最终导致鲁桓公被杀。这或许是《左传》称赞太子忽的原因，认为没有娶她算是一个正确的决定。

　　后来，太子忽帮助齐国击败了进犯的北戎。尽管此时太子忽已经娶了一位陈国女子，齐国仍然又一次向他提亲，这次要嫁给他的齐国姑娘据说很贤明，祭仲也劝他一定要答应这门亲事，说："您若没有强大的外援，将来国君的位子就坐不稳，您其他三位弟弟就能都当国君了。"太子忽又一次拒绝了，理由是：自己带兵来救援齐国，如果娶亲回去，那就是以公谋私了。他没有听从祭仲的建议。

　　太子忽的弟弟公子突，他的母亲是从宋国娶来的。郑庄公死后，宋国人就找机会把祭仲和公子突骗到宋国拘留起来，威胁说，如果不立公子突为国君，就把祭仲杀了。祭仲只好与宋国人结盟，把公子突带回郑国并立他为国君，这就是郑厉公。太子忽只好逃去了卫国。

　　祭仲虽然立公子突做了国君，但郑国的大权完全把持在他的手里。郑厉公就与手下雍纠商量，准备在郊区

四四　二　郑庄小霸（二）

● 《左传》桓公十五年：

祭仲专，郑伯患之，使其婿雍纠杀之。将享诸郊。雍姬知之，谓其母曰："父与夫孰亲？"其母曰："人尽夫也，父一而已，胡可比也？"

```
郑桓公
  ↓
郑武公
  ↓
郑庄公（寤生）
  ↓
郑厉公（公子突）
  ↓
郑昭公（公子忽）
  ↓
公子亹
  ↓
公子仪
  ↓
郑厉公（公子突）
```

宴请并趁机杀掉祭仲。

雍纠是祭仲的女婿，他把这件事告诉了自己的老婆也就是祭仲的女儿。祭仲的女儿就跑去问自己的母亲："父亲和丈夫，谁更亲？"她母亲回答说："人人都可以做你的丈夫，但父亲却只有一个，丈夫怎么比得过父亲呢！"于是祭仲的女儿就把雍纠的事说了出来。祭仲杀掉了雍纠。郑厉公长叹："谋及妇人，宜其死也！"意思是这种大事竟然和妇人去商量，死得活该。

郑厉公载着雍纠的尸体逃出了都城，后来在栎（今河南禹州）这个地方盘踞下来。太子忽于是回到郑国做了国君，这就是郑昭公。郑国的高渠弥很害怕，因为郑昭公很早就不喜欢他，当初郑庄公让高渠弥做卿时，就曾遭到太子忽的强烈反对。两年后，高渠弥杀掉了郑昭公，但是不敢迎接居住在栎的郑厉公回国。于是他和祭仲拥立郑昭公的弟弟公子亹做了国君。

第二年（鲁桓公十八年，公元前694年），齐襄公带着军队驻扎在首止这个地方（今河南睢县东南），公子亹和高渠弥一起去和齐襄公相会。齐襄公还是公子的时候，曾经与公子亹相斗，二人结下了仇怨。但此时公子亹担心若不前往就会得罪大国齐国，担忧齐国会趁机率诸侯攻打郑国，把居住在栎的郑厉公送回来做国君，所以最终还是去了。结果公子亹就被齐襄公杀死了，高渠弥也被齐国人车裂而死。

作为老滑头的祭仲，知道此行危险，所以称病没有去。公子亹被齐人杀死后，祭仲又把公子仪立为了国君。十四年后（鲁庄公十四年，公元前680年），居住在栎的郑厉公与人合谋杀死了公子仪，回国又当上了国君，此是后话。

可见，郑庄公死后，在短短的七年之内，郑国的国君或被杀，或出逃，走马灯一样换了四个。国内政治的不稳定，令郑国丧失了郑庄公时代的霸主实力。可以说，郑庄公的小霸，随着郑庄公的死去也就渐渐消失了。历史的聚光灯，开始慢慢移向东方的齐国。不久以后，春秋时代第一位真正的霸主，就要从齐国产生了。

兽钮青铜镈·春秋时期·中国国家博物馆藏

蟠虺纹曲耳铜鼎·春秋时期·河南博物院藏

三 齐桓首霸

春秋时代的周王室虽然逐渐衰弱，但周天子毕竟还是天下的共主。齐桓公的『尊王』和他为安定王室所做的努力，其实正是称霸的一种表现。

此时的中原华夏诸国，面临着北方戎狄和南方楚国的双重挤压和进攻。齐桓公身为霸主，还需要履行霸主的责任——『攘夷』，包括救患、分灾、讨罪，以保护中原华夏诸国。然而，齐桓公一死，齐国称霸的局面也就结束了。

齐鲍镈·铭文

这件器物的铸造者鲍,是齐国历史上著名的伯乐鲍叔牙的孙子。鲍叔牙向齐桓公举荐了管仲,之后管仲辅佐齐桓公成就了一番霸业。

铭文记载了鲍(鉿)的祖先鲍叔有功于齐国,齐桓公赏赐鲍叔采邑的史实。鲍(鉿)为了勉励自己,铸此乐器,以祭祀其亡母仲姜,并祝愿自己的子孙后代幸福。

齐桓首霸（一）

齐僖公
↓
齐襄公
↓
齐桓公

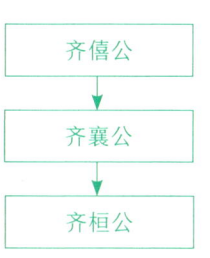

● 《春秋》桓公六年：
　九月丁卯，子同生。

　　前面我们讲到，鲁桓公十八年（公元前694年），齐襄公杀死了郑国国君公子亹，就在同一年，齐襄公还杀死了鲁国国君鲁桓公。

　　事情的起因是这样的：鲁桓公的夫人文姜，是齐襄公同父异母的妹妹，齐侯（齐僖公，齐襄公和文姜的父亲）原本想把她许配给郑庄公的儿子太子忽，但太子忽拒绝了这门亲事，后来齐侯就把她嫁给了鲁桓公，让她成了鲁桓公的夫人。三年之后，文姜生下了一个儿子，鲁桓公隆重地用太子的礼节对待这个儿子，更巧的是，这个儿子的出生日期竟然与鲁桓公相同，所以他给这个儿子取名叫"同"，《左传》里称"子同"。这位子同，是《春秋》鲁国十二公中唯一的嫡长子（既是夫人所生的嫡子，又是长子），他就是后来的鲁庄公。

　　鲁桓公的夫人文姜在嫁到鲁国之前，就已经和她的哥哥齐襄公私通。鲁桓公十八年春，鲁桓公与齐襄公相会，他不顾臣下的劝谏，竟然带着夫人文姜一起去齐国出访。到了齐国，齐襄公又和文姜私通。

　　鲁桓公知道后很愤怒，斥骂文姜，文姜哭哭啼啼去

● 《左传》桓公十八年：

夏四月丙子，享公。使公子彭生乘公，公薨于车。

鲁人告于齐曰："寡君畏君之威，不敢宁居，来修旧好，礼成而不反，无所归咎，恶于诸侯。请以彭生除之。"齐人杀彭生。

● 《左传》庄公元年：

元年春，不称即位，文姜出故也。

● 《左传》庄公八年：

齐侯使连称、管至父戍葵丘，瓜时而往，曰："及瓜而代。"期戍，公问不至。请代，弗许。故谋作乱。

找齐襄公。齐襄公问她鲁桓公是怎么斥骂的，文姜说："他说子同不是他的儿子，是齐侯你的儿子！"齐襄公大怒，于是在一次招待鲁桓公喝醉酒后，指使齐国的大力士公子彭生扶抱鲁桓公上车，不知使了什么手脚，鲁桓公竟然死在了车中。这下鲁国人不干了，说我们国君是去你们齐国发展友谊的，结果却死于齐国，你们必须严惩凶手。于是齐襄公就把公子彭生作为替罪羊杀死了。

鲁桓公的死，《春秋》桓公十八年记载为：

夏四月丙子，公薨于齐。

鲁桓公其实是被齐襄公谋杀的，但这件事也不光彩，鲁国人为了避讳，所以在《春秋》中就只记载为"公薨于齐"，并没有说是被齐国杀死的。

鲁桓公死后，他的儿子同即位，这就是鲁庄公。鲁庄公元年（公元前693年），《春秋》也只记载了"元年春王正月"，而没有记载"公即位"。《公羊传》解释说，这是因为国君被杀，他的儿子就不说"即位"了；《谷梁传》也认为是因为国君非正常死亡，其子不忍言即位。《左传》的解释跟它们不一样，《左传》说这是鲁庄公的母亲文姜留在了齐国的缘故，因此不书"即位"。前面说过，《春秋》记载鲁国国君即位的元年，一般都书"元年春王正月公即位"，若不书"即位"，总是有原因的。据《春秋》和《左传》记载，这之后齐襄公仍不断与文姜相会私通。

齐襄公这个人，《左传》里说他"无常"，意思是言行都没有什么准则。例如在《左传》中记载了这样一件事：齐襄公曾让齐国的连称、管至父这两个人戍守葵丘（今山东临淄城东），这二人是"瓜时而往"（正当吃瓜的时节前往戍守），在外戍守是件苦差事，齐襄公许诺他们"及瓜而代"（到明年再吃瓜的时候就派人替代他们）。结果一年之后，齐襄公音讯全无，这二人只好请求派人来代替，却被齐襄公拒绝了。此事让连称、管至父二人心中十分不满。

齐襄公有一位堂弟叫公孙无知，过去很受齐襄公的父亲齐僖公的宠爱，享受的待遇等级很高，《左传》里说"衣服礼秩如適"，即衣服、车马、爵秩等和嫡子一样。前面我们讲过，郑国的公子亹在做国君前曾和齐襄公相斗，结果齐襄公杀掉了公子亹。据《史记》记载，这位公孙无知，在齐襄公做太子时也与齐襄公斗过。后来齐襄公当上了国君，就降低公孙无知的各种待遇级别。这自然也引起了公孙无知的不满。

于是连称、管至父二人，就与公孙无知联合起来准备作乱。正好连称有一个堂妹在齐襄公宫中为妾而不受宠爱，于是就让她充当内应，并向她许诺说："事成之后，就把你升为无知的夫人。"

《史记》也记载说，齐襄公诛杀不当，淫妇人，欺大臣。齐襄公的弟弟们纷纷逃往国外，以躲避即将出现的内乱。管仲和召忽辅佐公子纠逃到了鲁国——公子纠的母亲是鲁国人，鲍叔牙辅佐着公子小白逃到了莒国。

鲁庄公八年（公元前686年）冬天的十二月，齐襄公外出在贝丘（今山东博兴县南）田猎，碰到了一只大野猪。随行的人都说，那只大野猪是公子彭生，就是在齐襄公指使下杀死鲁桓公又被处死的彭生。齐襄公大怒，说："彭生，有胆你出来！"搭箭射之。《左传》记载说"豕人立而啼"，那猪竟然像人一样站立起来哭吼。齐襄公吓得从车上摔了下来，脚受了伤，鞋子也掉了。

回去以后，齐襄公责骂身边的侍从寺人费，让他去

● 《左传》庄公八年：

襄公立，无常。鲍叔牙曰："君使民慢，乱将作矣。"奉公子小白出奔莒。乱作，管夷吾、召忽奉公子纠来奔。

● 《左传》庄公八年：

冬，十二月，齐侯游于姑棼，遂田于贝丘。见大豕，从者曰："公子彭生也。"公怒，曰："彭生敢见！"射之，豕人立而啼。公惧，队于车，伤足，丧屦（jù）。

找鞋子，结果没找回来，寺人费就挨了一顿鞭子，打得血都出来了。寺人费跑出来，正好遇到来杀齐襄公的公孙无知这一伙反叛的人，他们把寺人费抓起来，寺人费对他们说："我哪里会对抗你们！"说着就露出自己被鞭打得血淋淋的后背给他们看，公孙无知一伙人便相信了他。

寺人费请求先进去，进去以后，他把齐襄公藏了起来，自己却出来与反叛者拼斗，最终死去。另外一个寺人被杀死在台阶下，还有一个寺人伪装成齐襄公在床上，叛贼们也杀死了他，仔细一看，说："这不是国君，不像。"继续搜索，结果在一扇门下看见了齐襄公的脚，于是把他揪出来杀死了。随后，公孙无知便当上了国君。

公孙无知在当年的冬天当上了国君，但随即在第二年的春天，就被一个曾被他虐待过的名叫雍廪的人杀死了。这时齐襄公的两个弟弟——在鲁国的公子纠和在莒国的公子小白——都争着回国做国君。

《史记》记载，鲁国一方面派兵护送公子纠赶回国，一方面又派辅佐公子纠的管仲带兵埋伏在从莒国到齐国的道路上。看到正在赶回齐国的公子小白时，管仲一箭射去，小白假装被射中倒下而死。其实那箭只射中了小白身上的带钩而已。鲁国人以为小白已死，所以护送公子纠回国的队伍便慢了下来。等他们六天之后到达齐国时，全都傻眼了：小白已赶在他们之前，从莒国回到了齐国，并在齐国贵族高氏和国氏的支持下，当上了国君。他就是春秋第一霸主：齐桓公。

很显然，齐、鲁之间必有一战。这一战就发生在齐桓公即位第一年的八月。鲁国大败，鲁庄公连兵车都丢了，改乘另一辆才逃回鲁国。齐国乘胜带着军队威胁鲁国说："公子纠，是我们国君的兄弟，我们不好动手，就

● 《左传》庄公九年：
　　九年，春，雍廪杀无知。

● 《左传》庄公九年：

　　秋，师及齐师战于乾时。我师败绩。公丧戎路，传乘而归。

　　鲍叔帅师来言曰："子纠，亲也，请君讨之。管、召，仇也，请受而甘心焉。"乃杀子纠于生窦，召忽死之。管仲请囚，鲍叔受之。及堂阜而税之。归而以告曰："管夷吾治于高傒，使相可也。"

请你们帮我们处理吧；而管仲和召忽这两个人，是我们国君的仇人，请一定把他们交给我们，我们要亲自杀了他们才甘心！"

　　鲁国只好杀死公子纠，召忽为公子纠而自杀，只有管仲"请囚"，被囚送到了齐国。《史记》说齐桓公原本想报一箭之仇，杀了管仲，但鲍叔牙劝齐桓公："您要是只想做个普通的国君，有我们这班人辅佐您就够了；但您若想做个霸主，就非有管仲这个人辅佐不可。"

　　也就是说，齐桓公的霸业，是离不开管仲的。《史记》中也说齐桓公"九合诸侯，一匡天下，管仲之谋也"。那么，这位管仲，到底是怎样的人物呢？《管子·小匡》中记载，鲁国当时有一位谋臣叫施伯，对管仲是这样评价的：

　　　　管仲者，天下之贤人也，大器也。在楚则楚得意于天下，在晋则晋得意于天下，在狄则狄得意于天下。

　　所以施伯曾经力劝鲁庄公，要么任用管仲，要么杀死管仲，千万别让管仲到了齐国。

　　实际上，管仲之贤，在当时恐怕并不是天下人人都知道的，他出名应该是在辅佐齐桓公称霸之后。要说最初真正了解管仲，知道管仲有大才的，其实只有一个人，就是鲍叔牙。《史记》中记载，管仲最初和鲍叔牙交往的时候很贫困，但鲍叔牙知道他十分有才，所以处处照顾他，始终善待。后来鲍叔牙又向齐桓公隆重推荐管仲，自己甚至甘愿位列于管仲之下。

　　管仲感叹说："我当初贫困的时候，曾和鲍叔一起做买卖，分钱的时候我多拿多占，鲍叔不认为我贪婪——

他知道我比较贫困；我曾为鲍叔出谋划策，结果却很糟糕，鲍叔不认为我愚笨——他知道一个人的运气有时好有时坏；我曾三次做官，却三次被辞退，鲍叔不认为我不肖——他知道我是没遇上时机；我曾三战三败，鲍叔不认为我怯懦——他知道我有老母要养；公子纠失败，召忽为之而死，我却甘愿被囚而活，鲍叔不认为我无耻——他知道我是不羞于小节而耻于功名不显于天下。生我者父母，知我者鲍子也！"

● "管鲍之交"

像管仲这样贤能的人，后世还涌现出许多，但像鲍叔这样了解朋友、相信朋友、推荐朋友的人，后世恐怕不多了。所以，司马迁在《史记》中说："天下不多管仲之贤而多鲍叔能知人也。"多，在这里是称赞的意思。后世就把朋友彼此相知、交情深厚，称为"管鲍之交"。

管仲的故事，在后世，尤其是在战国以后的诸子著作中广为记载，虽然许多记载其实并不可靠，加入了后人的演绎，但反映了管仲这个人确实在人们心中留下了深刻的印象。这样的故事很多，例如《韩非子·说林下》中记载说，管仲、鲍叔二人看到齐襄公将要导致齐国内乱时就商议，认为将来可以辅佐当国君的不是公子纠就是公子小白，于是决定各自辅佐一人，最后哪一方先做了国君，就再收留另一方。如此，结果都是双赢。这是《左传》当中没有的故事。

《吕氏春秋·慎大览》中记载说，管仲在从鲁国押送到齐国的路上，害怕鲁国后悔而追上来拦截自己，想早些抵达齐国，于是就对押送者说："我给你们唱些歌，你们来和一和吧。"管仲就唱起了一些适合赶路的歌，结果让押送他的人一路上忘掉了疲惫，很快赶到了齐国。

《说苑》卷八中记载，齐桓公使管仲治理齐国，管仲回答说："贱不能临贵。"这是说自己现在的身份还太低贱，驾驭不了身份尊贵的人。于是桓公封管仲为上卿。然而齐国仍然不治，桓公又问："这又是何故？"管仲回答说："贫不能使富。"这是说自己还太贫穷，使不动富裕的人。桓公就把齐国一年的租税赐给了管仲。然而，齐国依然不治，桓公又问为什么，管仲回答说："疏不能制亲。"这是说自己和国君的关系还不够亲，制服不了与国君更亲近的人。于是桓公把管仲立为自己的仲父。最终，齐国大治，桓公雄霸诸侯。

不过，齐桓公任用的贤人并非只有管仲一人，他手下还有鲍叔、隰朋、宁戚等不少贤人。《列女传》中记载了管仲为齐桓公招纳宁戚的故事。宁戚想见齐桓公，替人赶着牛车歇宿在齐国东门之外，桓公出来后，宁戚敲着牛角唱起了很伤悲的歌。桓公认为此人很特别，就让管仲去迎见宁戚，宁戚说："浩浩乎白水。"

管仲不懂他的意思，在家接连琢磨了五天，都没有去上朝，脸上写满了忧虑。他的一个叫婧的妾说道："您已经五天不上朝了，总是面有忧色，敢问是不是为了国家大事呢？还是您在谋划什么呢？"管仲说："这不是你所能懂的。"婧说："妾闻之也，毋老老，毋贱贱，毋少少，毋弱弱。（妾听说，老的不要以为他太老，贱的不要以为他太贱，少的不要以为他少，弱的不要以为他太弱。）"管仲问她这是何意，婧说："从前太公望七十岁，还在朝歌城的集市中屠牛，八十岁做了天子之师，九十岁被封在齐，您能说他老吗？伊尹，是一个陪嫁的身份低贱之人，商汤立他为三公，天下被他治理得很好，您能说他贱吗？皋子才五岁，就在帮助大禹了，您能说他太小吗？骏马駃（jué）騠（tí）生下来七天就超过了它的母亲，您能说它弱吗？"

于是管仲下席告罪，说："主公让我迎宁戚，宁戚

● "毋老老，毋贱贱，毋少少，毋弱弱。"

说:'浩浩乎白水。'我不懂他这句话的意思,所以一直忧虑。"婧笑着说:"别人已经告诉您意思了。古代有一首《白水》诗这样说:'浩浩白水,儵儵之鱼。君来召我,我将安居?国家未定,从我焉如?'这个宁戚想要当官为国家做事呢!"

管仲大喜,去向齐桓公汇报,桓公于是准备好府宅,斋戒五日,让宁戚做了官,齐国大治。

应该一提的是,我们今天所看到的《管子》这部书,托名是管仲所著,其中也记载了很多关于管仲的事情,但是,《管子》这部书并不是管仲所著,其中的许多内容都是战国以后的作品。

管仲虽然是大贤人,但如果国君不听信他,那他也不能发挥才能。齐桓公这个人最大的优点,就是十分听信包括管仲在内的许多贤人的话,真可以称得上是从善如流。

可以举两个例子来说明。其一,鲁庄公去世后,儿子子般继位,但随即就被杀死。于是庄公另外一个年幼的儿子鲁闵公即位。齐桓公派仲孙湫去鲁国慰问,仲孙湫回到齐国后,齐桓公就问他:"鲁可取乎?"意思是趁着鲁国国内还不稳定,我们能不能攻取它。

仲孙湫劝谏说:"不行。鲁国还在坚守周礼,不能攻取它。您现在应该致力于平息鲁国的内乱,并和鲁国搞好关系。亲有礼,因重固,间携贰,覆昏乱,霸王之器也。"意思是亲近有礼仪的国家,依靠稳定坚固的国家,离间内部涣散的国家,灭亡昏暗动乱的国家,这才是称霸称王的策略。齐桓公采纳了他的建议。鲁闵公即位两年后又被杀死,后来齐桓公甚至杀掉了自己的妹妹哀姜,来稳定鲁国的局势。

其二,鲁僖公七年(公元前653年)时,郑国派太

● 《左传》闵公元年:

公曰:"鲁可取乎?"对曰:"不可,犹秉周礼。周礼,所以本也。臣闻之,国将亡,本必先颠,而后枝叶从之。鲁不弃周礼,未可动也。君其务宁鲁难而亲之。亲有礼,因重固,间携贰,覆昏乱,霸王之器也。"

● 《左传》僖公七年：

　　管仲言于齐侯曰："臣闻之，招携以礼，怀远以德，德礼不易，无人不怀。"齐侯修礼于诸侯，诸侯官受方物。

　　管仲曰："……且夫合诸侯以崇德也，会而列奸，何以示后嗣？夫诸侯之会，其德刑礼义，无国不记。记奸之位，君盟替矣。作而不记，非盛德也。君其勿许，郑必受盟。夫子华既为大子，而求介于大国，以弱其国，亦必不免。郑有叔詹、堵叔、师叔三良为政，未可间也。"齐侯辞焉。

● 《左传》僖公十二年：

　　冬，齐侯使管夷吾平戎于王，使隰朋平戎于晋。王以上卿之礼飨管仲，管仲辞曰："臣，贱有司也。有天子之二守国、高在，若节春秋来承王命，何以礼焉？陪臣敢辞。"

　　王曰："舅氏！余嘉乃勋。应乃懿德，谓督不忘。往践乃职，无逆朕命。"管仲受下卿之礼而还。

子华来与齐桓公相会，太子华暗地里私自请求齐桓公帮他铲除国内的敌对势力，以后愿意领着郑国完全听从齐国的指挥。齐桓公一想，这不错啊，就要同意。这时管仲出来劝谏说："您一直在用礼和信与诸侯会盟，现在却要做违背礼和信的事，这哪里行呢？"

　　齐桓公说："诸侯们多次讨伐郑国，都不太成功，这次正好利用他们国内的不和与漏洞，怎么不行呢？"管仲回答说："您要先以德安抚郑国、教导郑国，郑国不服，我们才能去征讨它啊！我们会盟诸侯，就是要崇德，如果不崇德而是助长奸邪，您以后的盟会就要作废了。您不能答应他的请求。"于是，齐桓公拒绝了郑国太子华的请求。

　　正因为齐桓公能屡次听从管仲的劝谏，对诸侯施以德、信，所以《左传》说"齐侯修礼于诸侯，诸侯官受方物"，即齐桓公用礼对待诸侯，诸侯们也都对齐国十分服从，心甘情愿向霸主上贡。

　　所以，清初专门研究《左传》的专家马骕说："君子是以知管子之所以贤也，能辅君也；桓公之所以霸也，能用贤也。故曰，五霸桓公为盛。"

　　管仲相齐，长达四十年，史称"其为政也，善因祸而为福，转败而为功"，是一位优秀的谋臣，最终辅佐齐桓公雄霸诸侯。到了僖公十二年（公元前648年），《左传》记载，晚年的管仲到周去解决戎与周天子之间的冲突时，周天子（周襄王）亲自用上卿之礼设宴招待管仲，管仲谦虚地说："我只是一个低级官员，齐国还有国氏、高氏这些上卿，您若现在用上卿的礼节招待我，以后他们来此，您还怎么招待他们呢？请不要用这么隆重的礼节对待我。"

　　周天子说："舅父啊，我这是要嘉奖您的功勋，这样才和您的美德相应，如此才能彰显您的功劳。您就接受这种礼遇吧，不要违背我的命令了！"然而，管仲最终还是坚持接受了下卿的礼节。可见，即便到了年老的时候，管仲仍有很清醒的头脑，能做到胜而不骄。春秋末年的孔子，对管仲有一个很高的评价，孔子说：

> 管仲相桓公，霸诸侯，一匡天下，民到于今受其赐。微管仲，吾其被发左衽矣。

"被发左衽"是蛮夷戎狄的风俗，中原华夏之国是"束发右衽"。孔子是说，如果没有管仲的话，中原早就被蛮夷戎狄占领了。

齐桓公任用管仲之后，据《国语》记载，管仲在齐国的内政、军政、财政等方面都采取了许多措施，加上齐本来就是大国，齐僖公、齐襄公留下的家底也很厚实，又处在东部沿海，有鱼盐之利，工商业发达。在管仲的辅佐下，齐国在东方不断强大起来。

齐桓首霸（二）

齐桓公即位后，首先要处理的问题，就是和邻国鲁国的关系。鲁是大国，齐想要称霸，必须先拉拢或者解决旁边的鲁国。

因为齐国公子纠的原因，齐桓公即位当年，齐、鲁之间就爆发了战争，鲁国大败。紧接着第二年春天，齐国和鲁国又在长勺（今山东曲阜北）开战，这次是齐国吃了败仗。

在这次长勺之战中，鲁国的胜利和一个叫曹刿的人很有关系。《左传》记载，齐、鲁开战之前，曹刿去求见鲁庄公，他的同乡人说："肉食者谋之，又何间焉？"就是说，打仗这种军国大事，是那些贵族大夫们考虑的事情，你又去掺和什么呢？曹刿说："肉食者鄙，未能远谋。"意思是这些吃肉的人见识浅陋，不能深谋远虑。

见到鲁庄公后，曹刿问鲁庄公将凭借什么作战。鲁庄公说："衣食，我从来不敢一个人独占，经常也分些给别人。"曹刿说："这些小恩小惠，不是每一个人都能沾上光，老百姓并不会因此跟从您。"鲁庄公又说："我在祭祀的时候，一直都是守规矩、讲诚信的。"曹刿说：

● 《春秋》庄公十年：
　　十年春王正月，公败齐师于长勺。

● 《左传》庄公十年：
　　问何以战。公曰："衣食所安，弗敢专也，必以分人。"对曰："小惠未遍，民弗从也。"公曰："牺牲玉帛，弗敢加也，必以信。"对曰："小信未孚，神弗福也。"公曰："小大之狱，虽不能察，必以情。"对曰："忠之属也，可以一战，战则请从。"

"这种小信也不能代表一切，神灵并不会因此而赐福给您。"鲁庄公说："不管大、小的案子，即便不能一一洞察，我也一定根据情理去处置。"曹刿说，"这才是为老百姓尽心尽力的事情，可以凭此一战"，并请求让他作战时跟随庄公。

在这次长勺之战中，曹刿和鲁庄公同乘一辆车，鲁庄公要击鼓进军，曹刿说："现在还不行。"等到齐国军队击鼓三次之后，曹刿才说："现在可以击鼓进攻了。"结果齐国的军队大败而逃。鲁庄公要追击，曹刿说："不急。"下车看了一下齐国的车辙，登上车又远望了一下，说："现在可以追赶了。"鲁国的军队这才追击齐军。

胜利之后，鲁庄公向曹刿请教。曹刿说："夫战，勇气也。一鼓作气，再而衰，三而竭。（打仗，主要靠的是勇气。第一次击鼓进攻时能振作勇气，第二次击鼓进攻时勇气就会有所减少，第三次击鼓进攻时勇气已经完全竭尽了。）齐军勇气竭尽了，而我军勇气刚好振作起来，所以能战胜他们。但是齐国是大国，我有时也不一定对敌情完全推测准确，我担心敌人撤退时有埋伏，所以下车观察，看到他们逃走时的车辙确实很乱，上车后望见他们的旗帜也倒了，这才确定可以放心地追击。"

其实，鲁国这次能够战胜齐国的真正原因是，鲁国是一个大国，作为千乘之国，此时的鲁国拥有强大的实力。就在长勺之战几个月后的夏天，鲁国又一次与齐国、宋国的联军对峙作战，鲁国的军队给马蒙上虎皮，先进攻宋国的军队，在乘丘这个地方大败宋军。眼见宋军大败，齐国的军队只好撤退。

但在这一年的冬天，齐国灭掉了谭国，也还算是在外有所斩获。《左传》说"齐师灭谭，谭无礼也"，是因为齐桓公当初出奔在外经过谭的时候，谭国对他很不礼

● 《左传》庄公十年：
　　既克，公问其故。对曰："夫战，勇气也。一鼓作气，再而衰，三而竭。彼竭我盈，故克之。夫大国，难测也，惧有伏焉。吾视其辙乱，望其旗靡，故逐之。"

● 《左传》庄公十年：
　　齐侯之出也，过谭，谭不礼焉。及其入也，诸侯皆贺，谭又不至。冬，齐师灭谭，谭无礼也。

貌；齐桓公回国做国君的时候，诸侯都来祝贺，谭又不来。所以齐就灭了谭。

乘丘之战，宋国不仅被鲁国打败，国君后来还为此而丧命。事情是这样的：在乘丘之战中，宋国的大力士南宫万被鲁庄公用名叫"金仆姑"的箭射中了，鲁庄公的车右活捉了南宫万。后来在宋国人的请求下，鲁国把南宫万放回了宋国，结果宋国的国君宋闵公羞辱南宫万说："当初我很敬重你。现在的你只是一个鲁国的俘虏而已。我再不会敬重你了。"所谓士可杀不可辱，南宫万愤而杀死了宋闵公。

● 《左传》庄公十一年：

乘丘之役，公以金仆姑射南宫长万，公右歂孙生搏之。宋人请之，宋公靳之，曰："始吾敬子，今子鲁囚也，吾弗敬子矣。"

宋国人从鲁国要回了南宫万，宋闵公为什么又要去羞辱他呢？《左传》中没有说，在《公羊传》中倒有详细的记载，说南宫万在鲁国待了几个月，后来回到宋国继续做大夫，一次和宋闵公下棋，妇人们也都在一旁。南宫万说："人家鲁侯，真是太贤良了！天下诸侯中，我看真正算得上君主的，也就只有鲁侯一人吧。"

当着这么多妇人夸赞鲁公，宋闵公感到被驳了面子，忍不住羞辱南宫万说："你不过是个俘虏，鲁侯哪里有你说的那样好！"南宫万大怒，就和宋闵公打了起来，并扭断了宋闵公的脖子。

● 《左传》庄公十二年：

十二年，秋，宋万弑闵公于蒙泽。遇仇牧于门，批而杀之。遇大宰督于东宫之西，又杀之。

《左传》和《公羊传》记载南宫万杀死国君后，出来在门口遇到一个叫仇牧的人拿着剑赶来截杀他，南宫万反手拍碎了仇牧的脑袋，门上都是仇牧的碎牙；在东宫的西面又遇到了太宰华父督，南宫万也一并把他杀了。《左传》还说，南宫万后来逃往陈国，自己拉车载着母亲，二百多里的路，竟然一天之内就赶完了。可见此人的勇力非同一般。南宫万逃到陈国后，宋国贿赂陈国，陈国就让妇人把南宫万灌醉，然后用犀牛皮把南宫万裹绑起来，押送回宋国。到了宋国，发现南宫万手脚竟然

● 《左传》庄公十三年：
　　十三年，春，会于北杏，以平宋乱。遂人不至。
　　夏，齐人灭遂而戍之。

● 《左传》庄公十三年：
　　冬，盟于柯，始及齐平也。

● 《左传》庄公十四年：
　　十四年，春，诸侯伐宋。齐请师于周。夏，单伯会之。取成于宋而还。

● 《春秋》庄公十四年：
　　冬，单伯会齐侯、宋公、卫侯、郑伯于鄄（juàn）。

已经挣破了犀牛皮，宋国人就赶紧对他施以烹醢（hǎi）的酷刑（用水煮死，然后剁成肉酱）。

宋是齐的同盟国，为了平定宋国的内乱，南宫万被杀的第二年，也就是鲁庄公十三年（公元前681年），齐桓公和宋、陈、蔡、邾在北杏（今山东东阿县境）盟会，这是齐桓公首次作为一个诸侯而主持天下的盟会。盟会的主要目的是平定宋国的内乱。遂国不派人来参加这个盟会，齐桓公就灭掉了它。紧接着在这一年的冬天，齐桓公又和鲁国在柯（今山东阳谷县东北）会盟，正是在柯之盟后，鲁国开始与齐国言和，不再对抗。

不过，柯之盟，《公羊传》和《史记》的记载，与《左传》不太一样。《史记》说曹沫（也就是前面长勺之战的那位曹刿，刿和沫古音相近）在这次盟会中，在盟坛上用匕首劫持了齐桓公，"桓公左右莫敢动"，齐桓公只好问他："你想怎么样？"曹沫就迫使齐桓公当众答应归还齐国侵占的鲁国地盘，齐桓公只好答应，曹沫这才把匕首扔下盟坛，面不改色地回到了自己的位子。事后，齐桓公很生气，想杀了曹沫，不归还鲁国的地盘。管仲说这样不行，会"弃信于诸侯"，齐桓公于是把侵占的地方还给了鲁国。于是，天下都知道齐桓公是个守信用的人。

不管怎样，至此，齐桓公终于安定了旁边的鲁这个大国。后来鲁庄公还和齐国联姻，从齐国娶了夫人哀姜。

但就在柯之盟的这一年，宋国人又背弃了这一年刚刚约定的北杏之盟。第二年，齐桓公带着从周天子那里请来的军队，与陈、曹等诸侯一起讨伐宋国，宋只能屈服，签订了和约。在这年的冬天，齐桓公与周天子的代表和宋、卫、郑又会于鄄（今山东鄄城县）。至此，齐再次摆平了宋国。

六八　三　齐桓首霸（二）

鲁国和宋国都是当时的强国，这两个国家一旦服从了齐国，齐国的霸主地位就基本确立了。又过了一年，也就是鲁庄公十五年（公元前679年），也是齐桓公即位的第七年，《左传》记载说：

十五年，春，复会焉，齐始霸也。

就在这一年春天里，齐桓公又举行了和诸侯的盟会。正是通过一次次的盟会这种春秋时期最重要的政治活动，齐桓公开始称霸诸侯。据统计，齐桓公在位四十三年期间，召集诸侯的盟会就有二十三次之多。齐桓公的霸主政治主要就是通过盟会来逐渐展开的，所以，此后《左传》中，齐与他国的盟会不绝于书。

到了鲁庄公二十七年（公元前667年），齐桓公在位第十九年，陈、郑均服于齐。《史记》记载说，这一年，周天子周惠王派人来赐命齐桓公为伯，正式宣称齐桓公是诸侯中的老大。

作为对王室的回报，也是应周天子之请，第二年齐国就出兵攻打卫国替周天子解气，因为卫国此前曾支持王室的反叛力量王子颓来对抗周惠王。这次进攻，齐国大败卫国。《左传》里说齐对卫"数之以王命，取赂而还"，即以周天子的名义把卫国数落谴责了一番，而且还收取了卫国所献贿赂之后才班师，既履行了王命，又得到了实惠，齐国是名利双收。

这是齐桓公称霸过程中"尊王"的策略。也就是名义上尊崇周天子，捍卫天子尊严，实际上也利用周天子的名义为自己捞取一些好处。郑庄公也曾经挟天子以命诸侯，但他并没有处理好与天子之间的关系，最后被天子撤了职，所以最终成就不大。齐桓公背后有管仲出谋

● 《左传》庄公十五年：
十五年，春，复会焉，齐始霸也。

● 《左传》庄公二十八年：
二十八年，春，齐侯伐卫，战，败卫师，数之以王命，取赂而还。

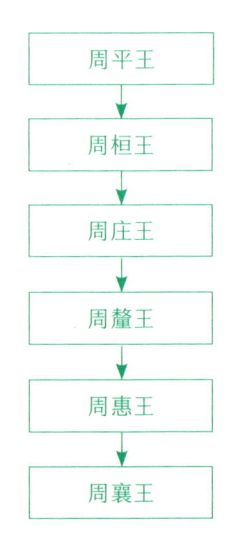

划策，所以深深懂得尊王的重要性。

春秋时代周天子王室和其他诸侯国一样，内部也常出现动荡。周惠王初年，有王子颓之乱。王子颓是周惠王的叔父，很受周惠王的祖父周庄王的宠爱。他和一些大臣勾结，在燕、卫的武力支持下推翻了周惠王。周惠王逃到了郑国，后来在郑国的帮助下，又有虢叔做内应，杀死王子颓及其党羽，才又回到周做天子。

周惠王去世后，周襄王即位，又发生了王子带之乱。周惠王的太子是王子郑（即后来的周襄王），但周惠王和夫人却宠爱少子王子带，甚至想要废太子。于是，齐桓公于鲁僖公五年（公元前655年）专门召集诸侯和太子郑在首止（今河南睢县东南）会盟，来商议稳定太子郑的地位，以安定王室。这次盟会，自然让周惠王心中不满，但他也不好说什么，就暗地里挑拨郑与齐的关系，告诉郑国，说背后有周、楚、晋给他撑腰，让郑伯不要与齐国结盟，结果郑伯就没有参加首止之盟。

当然，郑国也为此付出了代价：第二年郑国就遭到了齐国与其他诸侯国的征讨；第三年，倒向楚国的郑国服从了齐国，向齐国求盟。这一年年末，周惠王驾崩了，他的儿子周襄王害怕王子带作乱，所以就密不发丧，赶紧派人给齐国递送消息，要齐桓公做他的后盾。次年年初，齐桓公马上召集诸侯在洮（今山东鄄城县西南）会盟，商议周襄王登上王位，周襄王这才发丧。这次盟会中，《左传》说"郑伯乞盟，请服也"，也就是说这个时候郑国完全服从于齐国了。

一年之后，也就是鲁僖公九年（公元前651年），齐桓公在夏天又和王室、鲁、宋、卫、郑、许、曹会于葵丘。在这次诸侯之会中，周天子（周襄王）派宰孔来"赐齐侯胙"。"胙"是在庙里祭祖用的肉，也就是说天

●《春秋》僖公九年：
　　夏，公会宰周公、齐侯、宋子、卫侯、郑伯、许男、曹伯于葵丘。
●《左传》僖公九年：
　　夏，会于葵丘，寻盟且修好，礼也。王使宰孔赐齐侯胙。

子把自己庙里用的祭肉赐给齐桓公。这是一种莫大的荣誉，只有功德大或者霸主，才能得到天子的赐胙。

《左传》记载，宰孔对齐桓公说："天子祭祀了文王、武王，特派我把祭祀他们的祭肉赏赐给伯舅您。"按照当时的礼制，天子称大的同姓诸侯为"伯父"（有时也称"叔父"），称大的异姓诸侯为"伯舅"。齐是姜姓，为异姓诸侯，所以在此称齐桓公为"伯舅"。齐桓公一听，准备走下台阶行跪拜之礼，宰孔说："不忙，还有命令——天子还对我说：因为伯舅年纪大了，所以特别优待加赐一级，就不用跪拜了。"

齐桓公回答说："天子的威严近在眼前，我小白怎么敢接受天子之命而不下拜？若不下拜，那以后就会摔跟头，让天子蒙羞。怎么能够不跪拜呢？"于是齐桓公走下台阶，行了跪拜礼，再登上台阶，接受了祭肉。

这年秋天，齐桓公又召集诸侯盟于葵丘，《左传》记载这次盟誓的盟词说：

凡我同盟之人，既盟之后，言归于好。

意思是，凡是我们一起同盟的人，在盟誓之后大家都要友好相处。据《史记》记载，天子除了赐胙，还赐给齐桓公"彤弓矢、大路"（红黑色的弓和箭、大车）。赐给诸侯弓矢，就意味天子把武力征讨其他诸侯的权力赋予齐桓公了。这次葵丘之盟，可算是齐桓称霸的顶峰。

但是两年之后，即鲁僖公十一年（公元前649年），王子带招来数支戎人的军队，攻入了周天子的王城，焚毁了京师东门。幸亏有秦、晋的救援，戎人的军队才撤退。

第二年周襄王征讨王子带，王子带逃到了齐国，齐桓公为了调解周襄王与王子带之间的矛盾，安抚周王室，

● 《左传》僖公九年：
秋，齐侯盟诸侯于葵丘，曰："凡我同盟之人，既盟之后，言归于好。"

● 《左传》僖公十一年：
夏，扬、拒、泉、皋、伊、雒之戎同伐京师，入王城，焚东门，王子带召之也。秦、晋伐戎以救周。

就派管仲到周去做调解。又过了一年，齐桓公派仲孙湫出使周，想让仲孙湫再向周襄王沟通一下王子带的事，希望周襄王能弃前嫌召回王子带。但一直到出使结束，仲孙湫也没有对周襄王提王子带的事。

这是为什么呢？仲孙湫返回齐国后，对齐桓公复命说："未可。王怒未怠。"现在还不能提王子带的事，因为周襄王的愤怒还没有消减，正在气头上呢。仲孙湫还说，周襄王的怒气恐怕要十年之后才会消退下去，在十年之内，周襄王是不会召回王子带的。果然十年之后，也就是在鲁僖公二十二年（公元前638年），王子带才应周襄王之召从齐国回到京师。

就在仲孙湫出使周的这一年，齐桓公在秋天又派仲孙湫带着军队到周，和其他诸侯的军队一起来替周王戍守，以抵御北方戎人军队的侵入。直到齐桓公去世的前一年，在接到周襄王的救援请求后，齐桓公还召集诸侯国一起去抵抗北方戎人对周的侵犯。

齐桓公的"尊王"和他为安定王室所做的努力，其实正是称霸的一种表现。春秋时代的周王室虽然已很衰弱，但周天子毕竟还是天下的共主。尊王增强了中原各诸侯国的向心力，有利于中原各诸侯国之间的团结。尤其是中原华夏诸国，在此期间面临着南北蛮夷的双重挤压和进攻，在此危急关头，周王得到尊崇，以及这样一个为大部分诸侯国所服从和认可的实力雄厚的霸主的存在，就具有了非凡的意义。

齐桓首霸（三）

- "尊王攘夷"

- "华夏"与"中国"

齐桓公霸业的核心，除了"尊王"外，还有另一个重要方面是"攘夷"，即保护中原华夏诸国，抵御南北的非华夏文化之国，也就是所谓的"戎狄蛮夷"对中原的入侵。"尊王"和"攘夷"实际上是一体两面，二者是联结在一起、紧密不可分的。

周有天下，在中原地区封建有不少诸侯国，还在"天下之中"营建洛邑，突显周为天下共主。周也曾自称"夏"，中原这些与周同姓或秉从周礼文化的诸侯国，就泛称为"诸夏"，在《左传》中又称"华夏"，因为这些国家主要在中原，也称为"中国"。

春秋时代，环绕在中原华夏诸国周边的四裔之国，被通称为"戎""狄""蛮""夷"。这些四裔之国后来在古书中逐渐凝固为"东夷""西戎""北狄""南蛮"这几个代称，不过这些代称仍然只是一种泛指：并不是说在西边的就一定都是"戎"，西方也有"夷"；也并不是说凡是"戎"就都居住在西边，实际上，春秋时代不仅有"西戎"，还有"北戎"，也有"南戎"。

中原的诸侯各国是为"中国"或"诸夏"，周围四边

- 《左传》庄公三十一年：

    "凡诸侯有四夷之功，则献于王，王以警于夷，中国则否，诸侯不相遗俘。"

- 《左传》僖公二十五年：

    "德以柔中国，刑以威四夷。"

的"戎狄蛮夷"被称为"四夷"或"群蛮""诸戎"。这种夷、夏之别，其实主要是一种文化上的区别，即在饮食、服饰、语言和宗教上的区别，并不是严格意义上人种的区别。深究起来，一些"戎狄蛮夷"与姬姓的周王室其实还是同种同族呢。

到了春秋晚期，随着中原华夏诸国和周边四裔的交往越来越多，民族间不断相互融合，在文化上也越来越相互渗透与影响，"夷"与"夏"渐渐很难区分。

但在春秋的中前期，"夷""夏"之间却正处在严重的对抗之中。北方是戎狄，南方则主要是被视为蛮夷的楚国，中原诸夏之国，就处在南北夷狄的夹击之中。当然，这只是一个大略的说法。中原华夏诸国的区域并非铁板一块，其间也分布有一些夷人，例如在齐、鲁周边及卫、宋之间，就有不少夷、狄。

北方的戎狄，一直不断试图南侵，郑国、齐国都曾遭到他们的进攻。鲁庄公十八年（公元前676年），《春秋》记载"公追戎于济西"，鲁庄公亲自率兵在济水之西追击入侵的戎人。鲁庄公二十年（公元前674年），《春秋》又记载"齐人伐戎"，这时齐桓公已即位十二年，国家已经强大起来，能出兵攻打戎人。

戎人南侵的势头一直没有停息，北方的燕国就常遭到戎人的侵犯。燕国也是姬姓之国，它的始封之祖是周武王的弟弟召公奭。

鲁庄公三十年（公元前664年），齐桓公和鲁庄公在鲁济（今山东巨野县境）相会，共同商议如何帮助燕国对付山戎侵犯的问题。《史记》记载，第二年，燕国遭到山戎的进攻后紧急向齐国求援，齐桓公于是北伐山戎，山戎败退，齐桓公一直打到孤竹（今河北卢龙县、滦州市一带）才还师。

燕国的国君燕庄公十分感谢，送齐桓公回国，一直送到了齐国境内。齐桓公说："只有诸侯送天子才可以送出国境，诸侯之间相送是不出国境的，我不可以对燕无礼（不敢自比天子来欺侮燕国）。"于是就把燕庄公所到的那一片齐国疆域分割给了燕国，且叮嘱燕庄公要像他的祖先召公那样处理政事，勉励他要崇敬周王室，向周纳贡。从这里我们看到，齐桓公把"攘夷"和"尊王"紧密地联系到了一起。《史记》接着记载说："诸侯闻之，皆从齐。"

齐桓公伐戎救燕之后两年，也就是鲁闵公元年（公元前661年），北方的狄人又侵伐姬姓的邢国。管仲对齐桓公说：

● 《左传》闵公元年：

狄人伐邢。管敬仲言于齐侯曰："戎狄豺狼，不可厌也；诸夏亲昵，不可弃也；宴安鸩毒，不可怀也。《诗》云：'岂不怀归，畏此简书。'简书，同恶相恤之谓也。请救邢以从简书。"齐人救邢。

戎狄豺狼，不可厌也；诸夏亲昵，不可弃也；宴安鸩毒，不可怀也。

意思是，戎狄就像贪婪的豺狼，不会满足；中原华夏诸国彼此亲昵，不能丢弃不管；安逸享乐就像毒药一样，不能惦念。

面对戎狄的入侵，管仲还为此提出了一个重要的思想，即"同恶相恤"，意思是华夏诸国面对外来入侵的时候，一国有难，他国要同仇敌忾，彼此救援。所以管仲让齐桓公救援邢国。

● 《左传》僖公元年：

诸侯救邢。邢人溃，出奔师。师遂逐狄人，具邢器用而迁之，师无私焉。

夏，邢迁于夷仪，诸侯城之，救患也。凡侯伯，救患、分灾、讨罪，礼也。

过了两年，即鲁僖公元年（公元前659年），狄人又进攻邢国，邢国人抵挡不住而溃退。齐桓公和宋、曹二国君主亲自带领军队去救援，与逃奔来的邢国人一起击退了狄人，并让邢国人带着他们所有的器物财货迁往他地，来救援的诸侯军队，一点都没有私占邢国的器用财物，秋毫无犯。这年夏天，在以齐国为首的诸侯国的帮

七五 三 齐桓首霸（三）

助下，邢把国迁到了夷仪（今山东聊城市西），诸侯国还替邢在这里修筑城墙。在这里我们再次看到，在齐桓公的率领下，诸夏之国团结一心，共同抗狄。

前一年，即鲁闵公二年（公元前660年），狄人还侵入卫国，卫国的国君卫懿公因为喜欢鹤，给他的鹤好吃好住，待遇很高，所以临到要打仗的时候，大家都拒绝替他上阵，说："让你的鹤去替你打仗吧，你把禄位都给了鹤，我们哪里能打仗！"卫懿公只好硬着头皮出征，结果被狄人打得大败。《吕氏春秋·忠廉篇》记载，狄人抓住了卫懿公，"杀之，尽食其肉，独舍其肝"。

这次战争，卫国有两位太史也被狄人抓获了，这二人头脑灵活，他们对狄人说："我们是卫国的太史，卫国的祭祀就由我们掌管，我们若不先回去，你们是得不到国都的。"狄人听信了，让二人先回。二人一回到国都，马上就通知守卫国都的人说："你们别守了，守不住。"情况紧急，于是国都里的人当夜撤退逃走。

狄人的军队随后攻占了卫国的国都，灭掉了卫国，并且派遣追兵，在黄河北岸又大败卫人。我们可以想象，当时的黄河边上，一定是哭声震天，血染河流。这时，幸亏宋桓公从黄河南岸赶来接应，当夜赶紧渡河，据《左传》记载，卫国存留下来的人，到这时男女一共仅剩七百三十人了，加上卫国共和滕这两个地方的人，一共才五千人。

失去了家国的卫人，被安置到了曹这个地方，并且重新立了卫戴公做国君。齐桓公派他的儿子公子无亏率领兵车三百乘、甲士三千人到曹，来替卫人戍守，还馈送卫戴公车马，祭服五套，牛、羊、猪、鸡、狗各三百只，以及做门用的木材。另外，还赠送给卫戴公夫人用鱼皮装饰的车子，上等的锦三十匹。卫戴公死后他的弟

● 《左传》闵公二年：

狄入卫，遂从之，又败诸河。……宋桓公逆诸河，宵济。卫之遗民男女七百有三十人，益之以共、滕之民，为五千人。

齐侯使公子无亏帅车三百乘、甲士三千人以戍曹。归公乘马，祭服五称，牛、羊、豕、鸡、狗皆三百，与门材。归夫人鱼轩，重锦三十两。

● 《左传》闵公二年：

僖之元年，齐桓公迁邢于夷仪。二年，封卫于楚丘。邢迁如归，卫国忘亡。

弟文公即位，努力治国兴邦，《左传》记载说卫文公元年，还只有齐桓公馈赠给他的三十辆兵车，到了卫文公晚年，就发展到三百辆兵车了。

齐安顿好邢的第二年，即鲁僖公二年（公元前658年），诸侯国又在楚丘（今河南滑县东）为卫国筑城，齐桓公就把卫国安顿在这里重新建了国。

这就是齐桓公霸业中率领中原诸夏之国抵御北方戎狄入侵事迹中最有名的"救邢存卫"。《左传》记载，后来"邢迁如归，卫国忘亡"，可见齐桓公对这两个国家的安排处置，让这两个国家很满意。齐桓公之所以率诸侯"救邢存卫"，是因为作为一个霸主，是要履行霸主的相关责任的。春秋时代，霸主的责任是什么呢？《左传》里说：

凡侯伯，救患、分灾、讨罪，礼也。

意思是：作为一位诸侯国的领袖，救援患难、分担灾害、讨伐罪人，是他应当承担的责任，这样做才是符合礼的。后来周王室、杞、鄫等国，在面临夷狄入侵的时候，也都得到了齐桓公的援助。

但此时的中原诸夏之国，不仅面临着北方戎狄频繁的南侵，还面临着南方逐渐强大起来的楚国的北犯。这个被称为"蛮荆"的南边楚国，向来就被中原诸夏之国视为夷狄，虽然可以等而视之，但此时却不能等闲视之了。逐渐强大起来的楚国在消灭了自己周边的一些小国后，矛头开始指向北方，首当其冲的就是处于天下之中的郑国。于是对郑国的争夺，成了此时期齐、楚争强的焦点，到后来又成了晋、楚争强的焦点。可怜的郑国，几乎变成了各个大国实力盛衰的晴雨表，齐强则倒向齐，

● 《左传》庄公二十八年：

　　秋，子元以车六百乘伐郑，入于桔柣之门。子元、斗御疆、斗梧、耿之不比为旆，斗班、王孙游、王孙喜殿。众车入自纯门，及逵市。县门不发，楚言而出。子元曰："郑有人焉。"诸侯救郑，楚师夜遁。郑人将奔桐丘，谍告曰："楚幕有乌。"乃止。

● 《左传》僖公三年：

　　齐侯与蔡姬乘舟于囿，荡公。公惧，变色。禁之，不可。公怒，归之，未之绝也。

楚强则倒向楚，晋强则倒向晋，完全成了墙头草，有时候还两面都不讨好。

　　楚国向北进犯郑国时，齐桓公是一个什么态度呢？作为一位霸主，当然是要把郑国争取到自己这边来，那就要去援助郑国。在周天子赐命齐桓公为诸侯之长的第二年，即鲁庄公二十八年（公元前666年），楚国的令尹子元带着六百辆兵车攻打郑国，一直攻到郑国的国都，势如破竹，攻入远郊的城门后，又攻入外城的城门，却发现内城闸门没有放下，楚军的统帅子元说："郑国有人。"楚国人就不敢往里进了。

　　这时，齐桓公和鲁、宋的军队已赶来救援郑国，楚国军队于是夜里悄悄溜走了。郑国人本还想继续撤退，但有间谍来报告说："楚国留下的营帐上都落有乌鸦了。"郑国人这才停下来。这次楚国的退兵，除了害怕中了郑国的空城诱敌之计，最重要的原因，其实还是齐桓公带着诸侯来救援郑国，楚不敢冒进，所以退兵。

　　在齐桓公迁邢的那一年，即鲁僖公元年（公元前659年），楚国又进攻郑国。下一年，楚人再进攻郑国。过了一年，楚人还进攻郑国，此时的郑国实在有点支撑不住了，就想与楚国求和，倒向楚国，但是有大臣劝阻说："齐国现在正在为我们想办法，正在积极行动，不能背弃齐国。"所以，此时对于齐桓公来说，要想巩固自己的霸主地位，要想保住郑国，就必须阻止楚国的北进，齐、楚之间必有一战。

　　但是战争必须师出有名，齐桓公要怎样才能和楚国打上一仗呢？这时蔡国和楚国是同盟，正好齐桓公有一位夫人蔡姬，是蔡国国君的女儿，此前有一次蔡姬和齐桓公坐船在园囿里游玩，大概为了好玩，蔡姬就晃起船来，齐桓公很害怕，到后来脸上都变颜色了，让蔡姬别晃，但蔡姬不听。事后齐桓公大怒，就把蔡姬遣送回了娘家蔡国，但又没有和蔡姬完全断绝关系，大概想在某一天还召她回去。不料蔡国却把蔡姬又嫁给了别人，齐桓公就乘机带着齐、鲁、宋、陈、卫、郑、许、曹八国的军队去攻打蔡国，其中齐、鲁、宋都是千乘大国，面对如此强盛的军队，小小的蔡国当然不是对手，立即溃败。于是齐桓公带着诸侯的军队伐楚，其实这才是齐桓公的目的。

鲁僖公四年，即公元前656年，以霸主齐桓公为首的"八国联军"直逼楚国，楚国国君楚成王派出使者，对齐桓公说："君处北海，寡人处南海，唯是风马牛不相及也，不虞君之涉吾地也，何故？"意思是：您在最北边，我在最南边，风马牛不相及，没想到您现在跑到我的地盘上来了，这是何故？

管仲替齐桓公回答说："我们齐国的始祖太公得到过这样的任命：'五侯九伯，女实征之，以夹辅周室。'（天下不论大小诸侯，你齐国都可以去征讨他们，以辅佐周王室。）你们楚国不向周王交纳应该上供的包茅，让周王祭祀的仪式大受影响，我特此问罪。当初周昭王南征却再也没能回去，这个也要问罪。"

西周时期周昭王曾多次南征荆蛮，结果未能全身而返，死于汉水，可见南夷荆楚的厉害。这一重大事件不仅载于史册，也见于西周时期静方鼎、史墙盘等青铜器的铭文，给周人留下了深刻的历史记忆。

楚国的使者回答说："没有交纳供品，这是我们的过错，今后哪敢不供？至于几百年前的周昭王怎么没有回去，您亲自到河边去问一问吧。"嘿，口气挺硬。齐桓公于是率领军队继续前进，驻扎在陉这个地方。

楚国又派大夫屈完出使来到齐桓公率领的军队，于

● 《左传》僖公四年：

　　四年，春，齐侯以诸侯之师侵蔡。蔡溃，遂伐楚。楚子使与师言曰："君处北海，寡人处南海，唯是风马牛不相及也，不虞君之涉吾地也，何故？"管仲对曰："昔召康公命我先君大公曰：'五侯九伯，女实征之，以夹辅周室。'赐我先君履，东至于海，西至于河，南至于穆陵，北至于无棣。尔贡包茅不入，王祭不共，无以缩酒，寡人是征。昭王南征而不复，寡人是问。"对曰："贡之不入，寡君之罪也，敢不共给？昭王之不复，君其问诸水滨！"

是齐桓公才带着军队后退了一点，在召陵（今河南漯河市郾城区东）驻扎下来。

齐桓公让各国诸侯摆开军队，自己带着屈完同乘一辆车进行检阅。齐桓公说："这次出兵哪是为了我个人呢，是为了继续保持先君们建立的友好关系啊！我们共同友好如何？"屈完回答说："您若嘉惠敝国，安抚寡人，那也是我的希望啊！"

齐桓公指着诸侯的军队说："带着这样的军队作战，谁能抵挡得住啊？带着这样的军队攻城，什么城攻不下？"屈完回答说："您若以德安抚诸侯，谁敢不服？您若要用武力的话，我们楚国把方城山作为城墙，把汉水作为护城河。您的军队再多，也没有用。"这个回答，可算是不亢不卑。于是屈完与诸侯各国签订了盟约，楚国加入了以齐桓公为首的联盟。

单从《左传》的记载上看，楚国似乎在外交辞令上没有输给齐国。但实际上，这次齐、楚之间的对峙，还是以齐国的取胜作为结果，楚国在以齐国为首的大军压境之下被迫签订了盟约，其北进的势头至此得到了遏制。整个春秋时代，中原霸主与楚国交锋而能迫使楚国求和的，就只有这唯一一次召陵之会。对此，《公羊传》说道：

楚，有王者则后服，无王者则先叛，夷狄也，而亟病中国。南夷与北狄交，中国不绝若线。桓公救中国而攘夷狄，卒帖（tiē）荆，以此为王者之事也。（楚这个国家，有了称王的人，也是最后一个才臣服；没有称王的人，它必定是最先反叛的。这个夷狄之国，还经常侵犯困扰中原诸国。在南北夷狄交相夹攻之下，中原华夏诸国危急如千钧一发。齐桓公救中原诸夏之国而抵御夷狄的入侵，最终使楚国服帖，这是称王的人才能办到的事啊！）

《公羊传》认为齐桓公的召陵之会，是王者之事。这个评价是相当高的。所以百年之后，楚国国君楚灵王对齐桓公这次召陵之会还心仪不已，认为夏商周以来古今帝王诸侯的历次盛会中，他更愿意选择齐桓召陵之会作为自己效法的榜样。

由于尊王攘夷的成功，五年之后，鲁僖公九年（公元前651年），齐桓公受到周天子的赐胙，并召集诸侯举行了著名的葵丘之会，齐桓公的称霸达到了顶峰。但是物极必反，一件事情在到达了它的顶峰后，接下来就会走下坡路了。

《公羊传》和《史记》都说这次葵丘之会，齐桓公已颇有骄色，诸侯已有叛者。《左传》也记载，主持为齐桓公赐胙的宰孔，在返回周的路上遇到前去参加齐桓公盟会的晋献公，宰孔对晋献公说："你可以不用去会盟了。齐侯不致力于德而忙于远征，你看他向北攻打山戎，向南讨伐楚国，在西又举行葵丘之会。是否还会攻打东边还不知道，但我看往西进攻是不太可能的了。你还是注意安抚国内吧。"于是晋献公竟然也就不去参加齐桓公的盟会而回国了。

在此之后，虽然齐国的攻伐和盟会还在继续，但我们也看到，在楚国后来攻打倒向齐国的黄国时，齐国已没能力去救援，黄被灭掉了；楚国后来又攻打亲近诸夏的徐国，齐去救援，结果也不成功。鄫国为淮夷所侵扰，齐国带着诸侯为鄫筑城，结果筑城的人不堪忍受，夜里

● 《左传》僖公九年：
　　宰孔先归，遇晋侯，曰："可无会也。齐侯不务德而勤远略，故北伐山戎，南伐楚，西为此会也。东略之不知，西则否矣。其在乱乎！君务靖乱，无勤于行。"晋侯乃还。

● 《左传》僖公十六年：
　　十二月，会于淮，谋鄫，且东略也。城鄫，役人病，有夜登丘而呼曰："齐有乱！"不果城而还。

● 《左传》僖公十七年：
　　冬十月乙亥，齐桓公卒。

登上山坡大喊："齐有祸乱了！"于是诸侯们没筑完城就都回去了。齐国的称霸，已呈败象。第二年，鲁僖公十七年（公元前643年）的冬天，在位长达四十三年的齐桓公去世，齐国陷入了争夺君位的动乱之中。

《史记》记载，在此两年前，在管仲生病去世之前，齐桓公问他："大臣中谁能做相呢？"管仲说："知臣莫如君。"意思是对于自己的臣下，您自己应该是最了解的了。桓公先后问易牙、公子开方、竖刁这三个人怎么样，管仲回答说，这三个人都不能用，因为他们做事都不符合人之常情。

但这三个人却都受到了桓公的宠幸。桓公曾说没有尝过婴儿肉的滋味，易牙就把自己的儿子蒸了给桓公吃；公子开方呢，侍奉桓公十五年，一次都没有回家去看望过父母；桓公喜好美色，宫中女人太多，因而彼此间经常忌妒打架，竖刁就自宫其身到宫中，替桓公把这帮女人管理得服服帖帖。所以管仲去世后，齐桓公还是任用了这三个人。

齐桓公好美色，夫人就有三位，但都没有生儿子。此外他还有六位宠姬，尊如夫人，她们都生了儿子，其中有一位郑姬，生下的儿子被立为太子，这就是后来的齐孝公，齐桓公和管仲把孝公嘱托给宋襄公照顾。

但是，六位宠姬中有一位卫共姬和易牙勾结，让桓公答应改立卫共姬的儿子公子无亏为太子。一时之间桓公的六个儿子人人都争着要做国君。《管子·小称篇》中记载，在此混乱期间，年老的齐桓公被关在一间屋子里，没人理会，有一妇人从洞里钻进去才来到齐桓公被困的地方，桓公说："我现在是又饿又渴，却没有人送吃喝过来，这是怎么回事呢？"

妇人回答说："易牙、竖刁、公子开方等正在瓜分齐国,道路不通都十多天了。"桓公懊悔地说:"如果人死后没有知觉那也罢了,否则我有何面目去见仲父啊!"仲父即管仲。于是齐桓公用头巾"裹首而绝",自杀了。

桓公一死,易牙、竖刁等乘机联合起来发动宫廷血腥事变,屠杀在朝大夫,立公子无亏为国君。据《史记》记载,由于大家此时都忙着争权夺利互相攻杀,桓公的尸体摊在床上竟然两个多月也没人来照管入棺,尸体上生的虫子都跑出门外来了。可怜一代霸主,竟然落得如此悲惨下场,真是让人叹息!

齐桓公一死,齐国称霸的局面也就结束了。

四 宋襄图霸

宋襄公过于高估了自己的实力,宋国毕竟不是齐、楚那样的大国。小国争霸,只会带来祸患。

宋公栾簠·铭文

　　宋公栾簠（fǔ）是宋景公为妹妹季子出嫁吴国而准备的媵器。此时的吴国国君是阖闾，他是故事"卧薪尝胆"的主角之一吴王夫差的父亲。

　　目前暂未发现宋吴联姻的史籍记载。但是在历史记载里，春秋时期，宋与楚交恶，多次发生战争，到了宋景公时期，吴国是楚国最强有力的对手。因此，记录宋与吴联姻的宋公栾簠，一定程度上可以印证吴楚争霸大背景下，宋国做出的政治选择。

宋襄图霸

```
┌─────────┐
│ 宋桓公  │
└────┬────┘
     ↓
┌─────────┐
│ 宋襄公  │
└────┬────┘
     ↓
┌─────────┐
│ 宋成公  │
└─────────┘
```

● 《左传》僖公八年：
　　宋公疾，大子兹父固请曰："目夷长且仁，君其立之！"公命子鱼。子鱼辞曰："能以国让，仁孰大焉？臣不及也，且又不顺。"遂走而退。

　　齐桓公在位虽然长达四十三年，但到了他晚年才立太子，这位太子就是后来的齐孝公。管仲临死之前，和齐桓公把这位太子托付给了当时的宋襄公。

　　那么这位宋襄公又是何许人也，值得齐桓公和管仲如此看重和信任呢？这和齐、宋两国的关系有关，当然也和宋襄公这个人有关。齐桓公在位期间，宋国一直是齐国最亲密的盟友，从宋襄公的父亲宋桓公开始，长期以来齐、宋的关系都非常好。就在齐桓公举行葵丘之会的那一年，宋桓公死去了，他的儿子宋襄公即位后也赶去参加了葵丘之会，继续和齐国保持着亲密的关系。

　　而宋襄公这个人，也很有些特别之处。在父亲宋桓公病重将死的时候，作为太子，他却说自己的哥哥子鱼不仅年长而且仁爱，坚持请求父亲把君位传给子鱼。于是宋桓公就命令立子鱼为国君，不料子鱼也推辞，说："能把国家都让给别人，还有什么仁爱能比这个更大呢？我不及太子啊。再说，立我做国君也是不符合礼制的。"为什么这么说呢？因为宋襄公是嫡子，而子鱼虽然年长却是庶子，废嫡立庶不符合礼制。

宋襄公即位后，认为子鱼仁爱，就让他做了宋国的左师，负责处理宋国的政事。《左传》记载说"于是宋治"，宋国因此而大治。

在宋襄公即位第七年的正月，《春秋》记载宋国出现了两件不寻常的事：一是"陨石于宋五"，从天上掉下了五块石头落在宋国；二是"六鹢退飞，过宋都"，有六只鹢鸟（一种善飞的水鸟）倒退着飞过宋国的国都。

这两件事看起来确实不寻常，不过《左传》却解释得很平常，认为：从天上落下石头，那是陨星；鹢鸟倒着飞，那是因为风吹的缘故。但宋襄公很疑惑，这时正好周王室的内史在宋国，宋襄公就去请教他："这是什么预兆呢？有什么吉凶吗？"这位内史回答说："今年鲁国要死人，明年齐国要内乱，未来您将得到诸侯的拥护，但不能保持到最后。"

退下来后，这位内史对人说："国君是不应该问这些事的，这些都是自然现象，跟吉凶没有关系，决定吉凶的是人。但我又不能不理会他的询问，所以才那样回答他。"也就是说这位内史随口应付回答了宋襄公。但是，这位内史的随口一说，后来却神秘地一一应验了。

这一年，鲁国季友等人死去了。第二年，齐桓公去世，易牙、竖刁等在齐国发动内乱，立公子无亏为国君，齐孝公被迫逃到了宋国。

因为齐桓公和管仲生前把齐孝公托付给了宋襄公，所以宋襄公马上带着曹、卫、邾诸侯军队在春季攻打齐国，要把齐孝公送回国做国君。在宋国大军压境之下，齐国人只好杀了公子无亏，齐孝公回国了。

但是齐国国内其他公子的势力仍然强大，随即又把齐孝公赶走了，并与宋国开战。宋襄公在夏季再次打败齐国军队，扶助齐孝公回去当上了国君。看来齐桓公当初没有

● 《春秋》僖公十六年：
　　十有六年春，王正月戊申朔，陨石于宋五。是月，六鹢（yi）退飞，过宋都。

● 《左传》僖公十六年：
　　十六年，春，陨石于宋五，陨星也。六鹢退飞，过宋都，风也。周内史叔兴聘于宋，宋襄公问焉，曰："是何祥也？吉凶焉在？"对曰："今兹鲁多大丧，明年齐有乱，君将得诸侯而不终。"

● 《左传》僖公十八年：
　　十八年，春，宋襄公以诸侯伐齐。三月，齐人杀无亏。

　　齐人将立孝公，不胜，四公子之徒遂与宋人战。夏五月，宋败齐师于甗（yǎn），立孝公而还。

● 《左传》僖公十九年：

宋人执滕宣公。

夏，宋公使邾文公用鄫子于次睢之社，欲以属东夷。司马子鱼曰："古者六畜不相为用，小事不用大牲，而况敢用人乎？祭祀以为人也。民，神之主也。用人，其谁飨之？齐桓公存三亡国以属诸侯，义士犹曰薄德，今一会而虐二国之君，又用诸淫昏之鬼，将以求霸，不亦难乎？得死为幸。"

● 《左传》僖公二十年：

宋襄公欲合诸侯。臧文仲闻之，曰："以欲从人则可；以人从欲鲜济。"

● 《左传》僖公二十一年：

二十一年，春，宋人为鹿上之盟，以求诸侯于楚。楚人许之。公子目夷曰："小国争盟，祸也。宋其亡乎！幸而后败。"

看错人，宋襄公既有实力又仗义。

宋襄公两次打败了大国齐国，当时还有鲁国和狄人在支持齐国，但齐国仍然不敌宋襄公。新即位的齐孝公又是宋襄公一手扶上国君之位的，此后必然会亲近宋国。环顾四周，霸主之意，不禁从宋襄公心中油然而生。

随后，宋襄公拘留了滕国国君滕宣公，和曹国、邾国会盟。邾国随后还抓住了来求盟的鄫国国君，并在宋襄公的指使下，杀死了鄫国国君，用来祭祀次睢这个地方的土地神，这是人祭，目的是讨好东夷，想让东夷也归附宋国。子鱼忧心忡忡地说："古时候祭祀，该用什么牲畜就用什么，不能用别的牲畜去代替。小祭祀，不能用大牲畜，更何况用人呢？祭神本身是为了人，但现在却用人来做祭品，神还会接受吗？齐桓公当初为了让诸侯归附自己，恢复安定了三个国家，宋国现在想要让诸侯归附自己，却欺凌危害两个国家。想要这样去当霸主，恐怕很难。这样搞，宋襄公能善终就是万幸了。"

接着，曹国不服，宋国又围攻曹国。子鱼劝宋襄公说："您的德行好像还差些，就这样去攻打别国，怎么行啊！您何不好好反省检查一下自己的德行，等到没有欠缺的时候再行动。"一年后，宋襄公忍不住又要会合诸侯，对此，鲁国的臧文仲评价说："使自己的欲望顺从大家，这没问题；但要让大家来顺从自己的欲望，很少有成功的。"看来，当时有不少人都看出：宋国要称霸，有些一厢情愿。

但身在其中，尤其是在权力欲望驱使下的在位者，往往看不清别人很容易看清的东西。此时的宋襄公，他发热的头脑中只有做霸主的欲望。又一年后，也就是鲁僖公二十一年（公元前639年），宋国在鹿上（今山东巨野县西南）这个地方与齐、楚会盟。

宋襄公这次会盟，主要是请求楚国同意，让归附于楚国的那些诸侯国也承认宋国是盟主。楚国同意了。齐桓公去世之后，中原没有了霸主，一些诸侯国如郑、陈、蔡就倒向了楚国。宋国并不是个大国，现在要想在中原称霸，就不得不征求楚国的首肯。看来谁想称霸，都得过楚国这一关。但子鱼十分担忧，说：

小国争盟，祸也。宋其亡乎！

子鱼把形势看得很清楚，认为一个小国，却要争盟称霸，这是祸事，可能会招致亡国啊！

鹿上之盟的成功，并没有让宋襄公适可而止，也许反而助长了他加速冲向霸主位置的决心。这年秋天，宋襄公又要去盂（今河南睢县）这个地方与诸侯会盟，这次会盟的诸侯国是楚、陈、蔡、郑、许、曹，国家不少，但几乎都是楚国一伙的。这显然很危险。子鱼说："这次要大祸降临了。国君欲望太大，没有办法了。"果然，宋襄公一去，就被楚国拿下，随即楚国进攻宋国。

据《公羊传》记载，宋襄公去盂盟会之前，子鱼就劝谏宋襄公说："楚是个夷狄之国，虽然强大，却不讲信义，您去相会时一定要带着兵车。"宋襄公说："不。我和楚王约好的是乘车之会，不是兵车之会。我向别人约好的事，结果我自己却不遵守，这不行。"

不料楚国却暗地里埋伏兵车，宋襄公一去就被抓住了，随即楚国攻打宋国。宋襄公对子鱼说："您快回去守国，这个国，现在是您的国了。我是因为没听您的话才落到这个地步啊。"子鱼说："您即便不说这些，这个国本来也是下臣我的国啊，我怎么能不守呢？"意思是国家兴亡，人人有责，不分你我。

● 《左传》僖公二十一年：

秋，诸侯会宋公于盂。子鱼曰："祸其在此乎！君欲已甚，其何以堪之？"于是楚执宋公以伐宋。冬，会于薄以释之。子鱼曰："祸犹未也，未足以惩君。"

● 《左传》僖公二十二年：
　　夏，宋公伐郑。子鱼曰："所谓祸在此矣。"

● 《左传》僖公二十二年：
　　楚人伐宋以救郑。宋公将战，大司马固谏曰："天之弃商久矣，君将兴之，弗可赦也已。"弗听。

　　冬，十一月己巳朔，宋公及楚人战于泓。宋人既成列，楚人未既济。司马曰："彼众我寡，及其未既济也，请击之。"公曰："不可。"既济而未成列，又以告。公曰："未可。"既陈而后击之，宋师败绩。公伤股，门官歼焉。

● 《左传》僖公二十二年：
　　国人皆咎公。公曰："君子不重伤，不禽二毛。古之为军也，不以阻隘也。寡人虽亡国之余，不鼓不成列。"

　　于是子鱼赶回宋国，布置器械，严守国都。楚国人手里有宋襄公，就对宋国说："你们若不降服，就杀了你们的国君！"不料宋国人回答说："托天之福，我们已经立了新国君！"楚国一看，知道杀了宋襄公，还是得不到宋国，于是就释放了宋襄公。宋襄公被释放后，逃到了卫国，子鱼对宋襄公说："这个国，我是替您在守啊，您为什么不回来呢？"就把宋襄公接回了宋国。

　　不料第二年，宋襄公又去攻打郑国。子鱼说："这次是真的有殃祸了！"宋国为什么要打郑国呢？因为齐桓公死后郑国就倒向了楚国，完全不把宋国放在眼里。

　　宋国进攻郑国，这不就是与楚国作对吗？所以楚国为了救郑国，马上进攻宋国。宋襄公毫不示弱就要应战，这时候宋国的大司马极力劝谏说："老天爷早就不搭理我们宋国了，您却想要振兴宋国，这样逆天而行，会没救的。"宋襄公不听。

　　当年冬天，宋襄公带着军队在泓水（在今河南柘城县北）旁边与楚国对阵。宋国军队已经布置好了的时候，楚国军队渡河还没有完成，大司马说："敌众我寡，趁他们还没有渡完河，赶紧攻击他们！"宋襄公说不行。楚国军队渡河完成了，但还没有布阵成列，这时大司马又请求攻击，宋襄公还是说不行。楚国军队布好阵后，于是进攻，宋国军队大败，宋襄公也伤了大腿，他的左右护卫全部战死。宋襄公把打仗当作了体育竞赛，要等对方运动员准备好了，大家才开始，倒是很有公平竞争的精神。

　　宋国人埋怨宋襄公，宋襄公辩解说："君子作战，不再伤害已受伤的敌人，不俘获年纪大的敌人。古代作战，也是不靠地势的险阻去占敌人的便宜。我虽然是被灭亡了的商朝的后人，但我仍然不会去攻击还没有布好阵的军队。"

● 《左传》僖公二十二年：

丙子晨，郑文夫人芈氏、姜氏劳楚子于柯泽。楚子使师缙示之俘馘。君子曰："非礼也。妇人送迎不出门，见兄弟不逾阈，戎事不迩女器。"丁丑，楚子入享于郑，九献，庭实旅百，加笾豆六品。享毕，夜出，文芈送于军。取郑二姬以归。叔詹曰："楚王其不没乎！为礼卒于无别。无别不可谓礼。将何以没？"诸侯是以知其不遂霸也。

子鱼说："您真不懂作战。强敌处于劣势，还没有布好阵，这正是天赐的好时机啊，这时候不进攻，更待何时！敌人年纪再大，那也是我们的敌人啊！战争就是要杀敌，一次没有杀死，为什么不能杀第二次？如果像您说的那样，要爱惜敌人的伤员不再伤害他们，那一开始就别伤害他们才对；如果要爱护年纪大的敌人，那您干脆就别作战，直接臣服于人。这样，您既照顾了年纪大的人，也不会有人被杀伤，又何必作战呢？"子鱼的话确实一针见血，宋襄公的仁义没有用对地方。

泓之战，楚国为救郑国打败了宋国，郑国国君的两位夫人亲自去慰劳楚成王，楚成王得意扬扬，向她们展示俘获和杀死的宋国士兵。《左传》借君子之口，批评楚成王的这种做法"非礼"，因为按照当时的礼制，妇女迎送都是不出房门的，和弟兄相见也是不出门槛的，让妇女到战场上去慰劳军队更是不合礼的。

随后，楚成王得到了郑国隆重的款待，收取了郑国不少礼物，临走时顺手又带走了两名郑国女子。楚成王的这些举措，使中原的诸侯们认识到：这位楚蛮子虽然强大，但最终是称不了霸、成不了大器的。不仅如此，有人根据他这些无礼的举动，还预测这位楚成王没有善终。后来确实如此，楚成王年老时被他的儿子逼死了。

由于在泓之战中受了重伤，一年后宋襄公就死去了，带着不甘心和遗憾。

宋襄公能在齐桓公死后两次打败大国齐国，并扶持齐孝公上台安定齐国，会合诸侯，是和此前宋国长期以来积攒下来的强大国力分不开的。从宋襄公的父亲宋桓公参加齐桓公的北杏之会开始，宋国与齐国就形成了亲密的关系，长期以来宋国内外无事，平安发展，为宋襄公后来的逞强奠定了基础。但是，宋襄公又过于高估了自己的实力，宋国毕竟不是齐、楚那样的大国，正像他的庶兄子鱼所提醒的那样，小国争霸，只会带来祸患，这是宋襄公最终失败的第一个重要原因。在霸心未生之时，宋襄公很推崇子鱼，但霸心既生，头脑发热之时，他对子鱼一次次的劝谏就置若罔闻了，可见欲望这种东西对人心有多大的蛊惑！不听仁人之劝，失去了对局势清醒的判断，这是失败的第二个原因。

后世有人认为宋襄公迂腐的战争理念导致了宋国在泓之战中的大败。泓之战的失败，自然是对宋襄公的一次沉重打击，也宣告了宋襄图霸的失败。但我们不能用今天的标准去评判古人的行为是非。春秋时代的战争理念，和今天对战争的看法是很不一样的，否则，我们就很难理解春秋早期郑国军队打败了周天子，接着派人去慰问，鲁国打败了宋国，紧接着却给宋国送去救灾的粮食这些事情了。

泓之战的失败，固然和宋襄公"不以阻隘""不鼓不成列"的理念有关，但不可过于强调这一点。泓之战的失败，实际上是小国和大国争霸的失败。宋襄公的战争理念只是这次战争失败的一个技术原因，只是说明宋襄公的战争理念已经有些落后于当时的时代了，他错在诸国都逐渐不做君子的时候，他却要做个君子。然而，君子的时代，已在渐渐远去，此后各国作战也越来越不讲规矩，到了战国以后，战争已完全是尔虞我诈，以残酷杀戮为主了。如果我们不以成败论英雄的话，宋襄公未尝不可列为春秋霸主之一。

孟子说："以力假仁者霸，霸必有大国。"意思是：凭借仁义之名以武力去征伐称霸，一定要有强大的国力才行。宋襄公大概能号称为仁，但他缺少了最重要的力。实力是皮，仁义是毛，皮之不存，毛将焉附？

春秋大事记年表

春秋大事记录

公元纪年 | **左传纪年**

- 前770年 ……
- 前722年 鲁隐公元年
- 前721年 鲁隐公2年
- 前720年 鲁隐公3年
- 前719年 鲁隐公4年
- 前718年 鲁隐公5年
- 前717年 鲁隐公6年
- 前716年 鲁隐公7年
- 前715年 鲁隐公8年
- 前714年 鲁隐公9年
- 前713年 鲁隐公10年
- 前712年 鲁隐公11年
- 前711年 鲁桓公元年
- 前710年 鲁桓公2年
- 前709年 鲁桓公3年
- 前708年 鲁桓公4年
- 前707年 鲁桓公5年

图例说明

- 诸侯更替、诸侯国内政
- 战争、攻战
- 诸侯外交、尊王
- 周王室相关
- 内乱、弑君、亡国
- 会盟、匡扶周室、不合礼制的行动
- 起始、终结
- 同一件事涉及的国家

国家栏

周 秦 晋 郑 宋 鲁 齐 楚 吴 越

大事记录

- 晋文侯、郑武公、秦襄公护送周平王东迁洛邑，东周时代开始。
- 《春秋》从此年开始记事。
- 郑庄公平定太叔段之乱。
- 平王去世，周桓王立。
- 郑攻卫。
- 宋穆公去世，宋殇公立。
- 卫国州吁弑卫桓公，石碏杀州吁，卫宣公立。
- 晋哀侯立。
- 郑庄公去朝周桓王。
- 晋曲沃庄伯叛，其子曲沃武公立。
- 周桓王任用虢公为卿士。
- 秦宁公去世。
- 郑庄公朝见周桓王。
- 周文公去世。
- 鲁隐公被杀，鲁桓公立。
- 郑庄公伐宋。
- 郑国与鲁国结盟。
- 宋国与鲁国结盟。
- 晋国大夫华父督杀死宋殇公与孔父嘉。
- 晋国曲沃武大夫弑晋哀侯，晋小子侯立。
- 周天子派人出使到鲁国。
- 周关于派人册使郑到鲁国。
- 周桓王率陈、蔡、卫伐郑，被郑庄公打败。

五 晋文兴霸

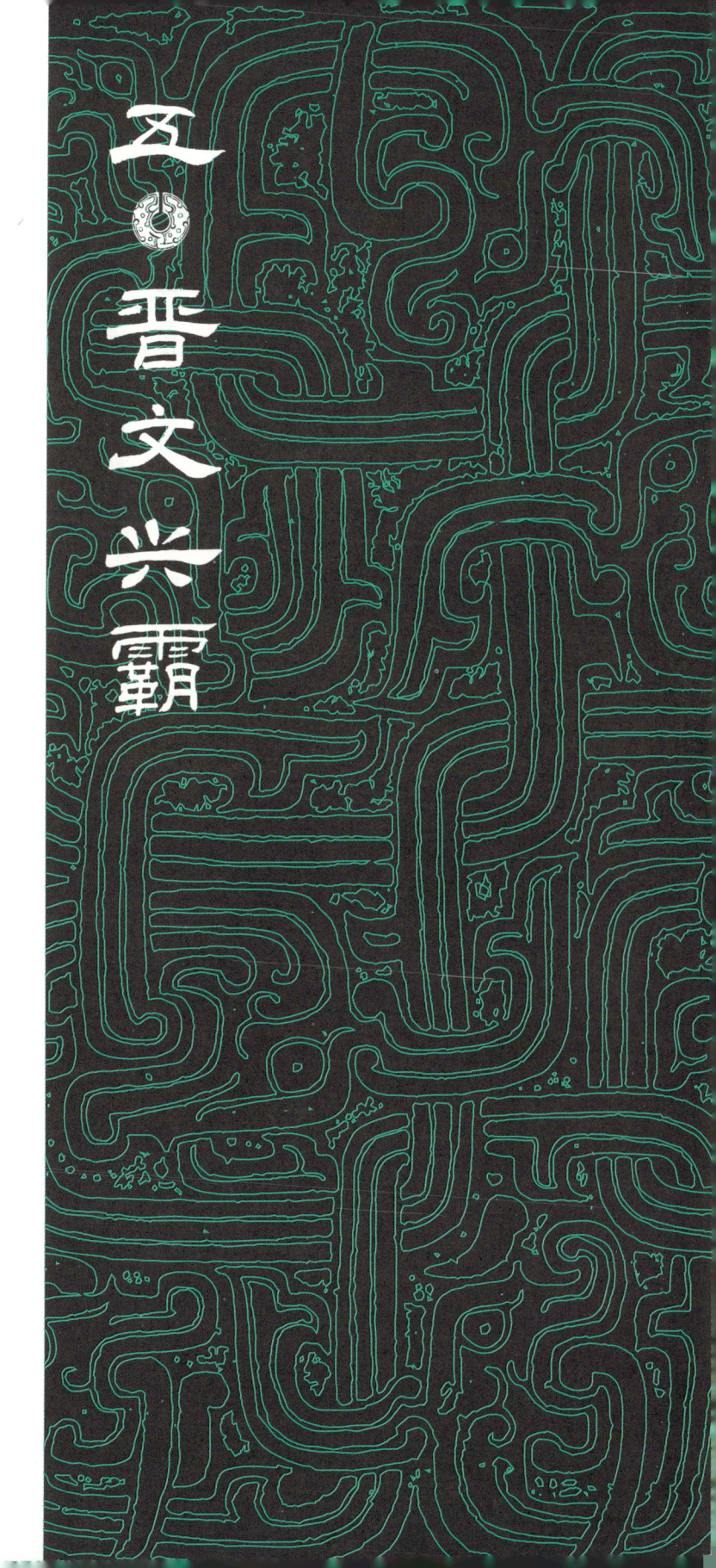

当齐桓公开始在东边逐渐称霸时,晋在军事上还算是一个小国。晋文公通过勤王和征伐,扩大了晋国的地盘,使晋国势力向南扩张到了楚国的边境。晋文公在城濮一战而胜,成为霸主。不同于齐桓公,晋文公去世后,晋国的霸业并没有随之消散。

晋公盘·铭文

晋国部分国君顺序

公元纪年　鲁国纪年　晋国大事记

前770年

○晋文侯等人护送周平王东迁洛邑

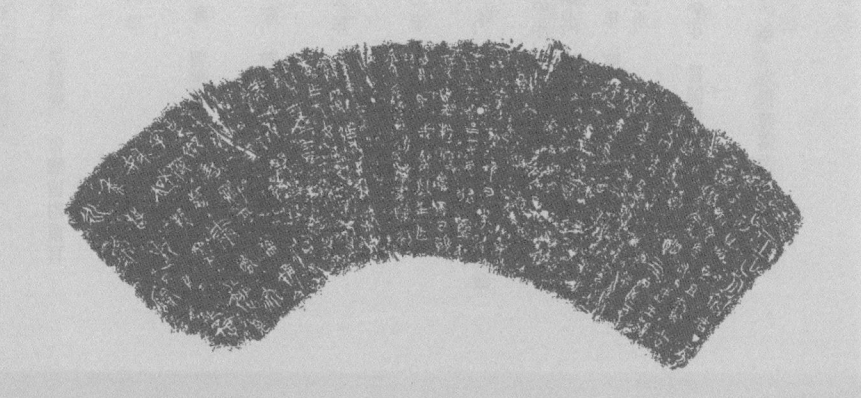

小东国君谱系

　　晋公盘是晋文公为女儿孟姬远嫁楚国而特别制作的青铜礼器，其上铸造的铭文追思了祖先功绩，称颂了由晋文公开创的霸业，还写下了晋文公对于女儿的美好祝愿，希望她嫁到楚国后能够管理好家室，佐助晋国。

　　晋公盘清晰呈现了晋文公时期晋国的盛世气象，是研究晋国历史的重要实物史料。

晋文兴霸（一）

● 《左传》昭公元年：

　　当武王邑姜方震大叔，梦帝谓己："余命而子曰虞，将与之唐，属诸参，而蕃育其子孙。"及生，有文在其手曰"虞"，遂以命之。及成王灭唐，而封大叔焉……

　　晋国的始封之祖，是周武王的儿子唐叔虞，他是周成王的弟弟。《左传》里记载说，唐叔虞的母亲邑姜当初怀孕的时候，梦见天帝对她说："你这个儿子，我给他取名叫'虞'，将来把唐这个地方封给他，让他在那儿生育后代。"《史记》说后来邑姜果然生了一个儿子，而且手上还有个"虞"字，所以这个儿子就取名叫"叔虞"。

　　一天周成王和弟弟叔虞一起玩耍，成王顺手拿起一片桐叶当作玉圭假装赐命，对叔虞说："我用它封你。"朝廷的史佚知道了，就让成王履行他的诺言，成王说："我那是和叔虞闹着玩儿呢。"史佚说："天子无戏言，要言出必行。"于是周成王就把叔虞封在过去唐国的地方（今山西翼城东南），称他为唐叔虞。

　　唐是古代尧的故地，后世有唐国，成王时因参与武庚和三监之乱被周公所灭，于是成王将叔虞封在那里。后来唐叔虞的儿子燮父继位，因国都南临晋水，就改国号为"晋"。

　　到了西周末年，周幽王因宠幸褒姒，离弃诸侯，被犬戎杀死在骊山下，后来继位的周平王只好东迁洛邑，

● 《左传》桓公二年：

　　初，晋穆侯之夫人姜氏以条之役生太子，命之曰仇。其弟以千亩之战生，命之曰成师。师服曰："异哉，君之名子也！夫名以制义，义以出礼，礼以体政，政以正民。是以政成而民听，易则生乱。嘉耦曰妃，怨耦曰仇，古之命也。今君命大子曰仇，弟曰成师，始兆乱矣，兄其替乎！"

在东迁中为王室出力最大的诸侯，除了郑庄公的父亲郑武公外，还有晋文侯。

　　晋文侯的名叫"仇"，这个名比较怪，为什么取名"仇"呢？因为晋文侯出生时，正好他的父亲晋穆侯在和戎人作战，吃了败仗，想着以后要报仇，所以给晋文侯取名叫"仇"。三年后，晋穆侯果然就报了仇，在千亩这个地方打败了戎人，这时正好他的另一个儿子出生了，于是就取名叫"成师"，意思是师捷成功。

　　古人认为，一个人的名字和这个人的一生有着某种神秘的联系，一个人名字的好坏，往往也和他的命运是紧密相连的，取名很重要。春秋时代，取名都有哪些讲究呢？《左传》里说，取名的方法和应注意的禁忌是：

　　名有五：有信，有义，有象，有假，有类。以名生为信，以德命为义，以类命为象，取于物为假，取于父为类。不以国，不以官，不以山川，不以隐疾，不以畜牲，不以器币。

　　也就是说取名有五种方法：可以根据出生的情况来命名，这叫信；可以用合适的祥瑞的字眼来命名，这叫义；可以用相比类的方法来命名，这叫象；可以借用万物的名称来命名，这叫假；用和父亲有关的字眼来命名，这叫类。在取名时还有一些禁忌：不用国家、官职、山川、疾病、牲畜、器币的名称作为名字。不过实际上，当时人取名时并不完全依此而行。

　　"成师"这个名显然要比"仇"好，所以当时晋国的大夫师服就说："异哉，君之名子也！……君命大子曰仇，弟曰成师，始兆乱矣，兄其替乎！"意思是国君您给儿子取名可真怪！您把太子叫"仇"，太子的弟弟却叫"成

● 《左传》桓公二年：

惠之二十四年，晋始乱，故封桓叔于曲沃。……师服曰："吾闻国家之立也，本大而末小，是以能固。故天子建国，诸侯立家，卿置侧室，大夫有贰宗，士有隶子弟，庶人、工、商，各有分亲，皆有等衰。是以民服事其上，而下无觊觎。今晋，甸侯也，而建国，本既弱矣，其能久乎？"

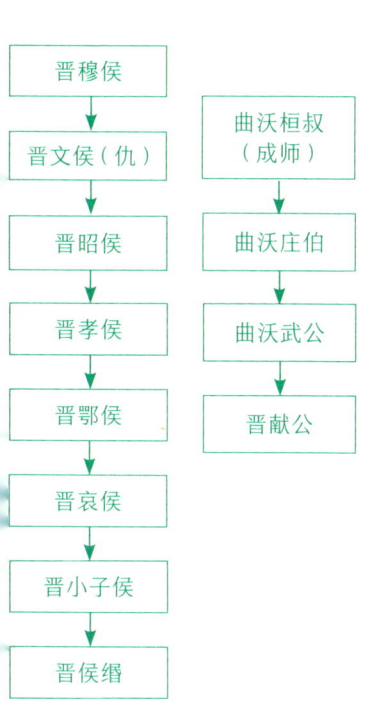

```
晋穆侯
  ↓
晋文侯（仇）      曲沃桓叔
  ↓              （成师）
晋昭侯              ↓
  ↓              曲沃庄伯
晋孝侯              ↓
  ↓              曲沃武公
晋鄂侯              ↓
  ↓              晋献公
晋哀侯
  ↓
晋小子侯
  ↓
晋侯缗
```

师"，这是生乱的兆头啊！看来哥哥以后要被弟弟取代啊！

后来晋文侯仇的弟弟成师被封在曲沃（今山西闻喜县东），叫作桓叔。曲沃这座城邑比晋国国君的都城还要大，而且桓叔在这里也很得民心，《史记》说"晋国之众皆附焉"。《左传》记载大夫师服又说：

"吾闻国家之立也，本大而末小，是以能固。……本既弱矣，其能久乎？"

意思是一个国家中，国君的实力要大，分封的子弟的实力要小，如果本末倒置，枝强干弱，这个国家也就不能长久。所以郑国的祭仲当初才会替郑庄公担忧太叔段的封邑太大。后来，晋文侯的后代与桓叔的后代彼此攻杀，虽然晋文侯的后代还有周王室大力支持，但最终还是被桓叔的孙子武公给灭了，晋武公当上了晋国的国君，他就是晋文公重耳的祖父。弟弟成师的后代终于取代了哥哥仇的后代，成了国君。

从成师被晋文侯仇的儿子晋昭侯封在曲沃为桓叔起，至桓叔的孙子曲沃武公当上国君，前后经历六十七年，此时已是鲁庄公十六年（公元前678年）。师服的预言终于应验了。周天子（周釐王）在接受了武公所贿赂的宝器后，也只好承认晋武公是晋国的国君，并赐命晋国可以拥有一军。按照《周礼》中的制度，一军有一万二千五百人，天子可以拥有六军，诸侯国是大国三军、次国二军、小国一军。可见，晋这时在军事上还算是一个小国。这时，齐桓公已即位八年，开始在东边逐渐称霸了。

一年后晋武公死去，他的儿子晋献公即位。为了巩固国君的势力，他采纳士𫇭的建议，诛杀了对国君地位形成威胁的群公子，巩固了君位，实力渐强。后来又把军队扩充为二军，晋献公带领上军，太子申生带领下军。

● 《左传》僖公五年：

　　冬，十二月丙子朔，晋灭虢。虢公丑奔京师。师还，馆于虞，遂袭虞，灭之。

强大起来的晋国于是灭掉了一些小国。但在南边同是姬姓的虢、虞二国却让晋献公寝食不安，它们成了晋国向南扩张道路上的阻碍。

　　荀息建议晋献公把自己的屈产之马和垂棘之璧送给虞国国君，借道以伐虢。晋献公舍不得，说这都是自己的宝贝。荀息说："没关系，只是暂存在他那里。"虞国的宫之奇反对虞君借道给晋，他说虞和虢就像唇和齿，唇亡齿寒，但虞国国君不听。果然后来晋国灭掉了虢国，回师时顺便又灭掉了虞国。《谷梁传》说，荀息把宝玉和宝马又拿回来给了晋献公，说："玉还是那个玉，马儿的年龄却长了几岁。"晋国灭掉了虢、虞二国，向南扩张的障碍被扫除了，晋国的势力扩展到了南边。晋献公，就是晋文公的父亲。

　　晋献公与齐姜生了秦穆夫人和太子申生（申生的姐姐后来嫁给了秦穆公，所以称"秦穆夫人"）。晋献公还从戎娶了两位女子，姐姐大戎生了重耳，妹妹小戎生了夷吾。晋献公又从骊戎娶了两位女子，姐姐骊姬生了奚齐，妹妹生了卓子。这么多女人中，骊姬最受宠爱，她想把儿子奚齐立为太子，于是说动献公把太子申生、重耳、夷吾和群公子全都调到各地镇守，只留下奚齐和卓子二人在国都。

　　晋献公想把骊姬立为夫人，用龟甲占卜，结果是不吉；用筮草占问，结果是吉。献公说："就依筮草的结果吧。"但卜人说："筮短龟长，不如从长。"意思是用筮草占问没有用龟甲占卜灵验，不如听从更灵验的。其实是建议不立骊姬为夫人。但晋献公不听，还是立骊姬做了夫人。

　　骊姬为了让奚齐做太子，就对太子申生说："国君梦见了你的母亲齐姜，你一定要赶快去祭祀。"太子就到曲

●《左传》僖公四年：

或谓大子："子辞，君必辩焉。"大子曰："君非姬氏，居不安、食不饱。我辞，姬必有罪。君老矣，吾又不乐。"曰："子其行乎！"大子曰："君实不察其罪，被此名也以出，人谁纳我？"十二月戊申，缢于新城。姬遂谮二公子曰："皆知之。"重耳奔蒲，夷吾奔屈。

●《左传》僖公五年：

公使寺人披伐蒲。重耳曰："君父之命不校。"乃徇曰："校者，吾仇也。"逾垣而走。披斩其祛。遂出奔翟。

沃去祭祀，然后把祭祀用的酒和肉带回来献给晋献公。献公刚好外出打猎去了，这些酒、肉就放在了宫里。六天后，献公回来，骊姬把毒药下在了酒肉里献给献公。献公用酒祭地，酒一洒到地上，地上就突了起来；把肉给狗吃，狗就死了；给宦官吃，宦官也死了。骊姬哭着说："这是太子搞的鬼啊！"太子申生于是逃到了曲沃，献公就把太子的老师杀死了。

有人劝太子向晋献公说明实情，让国君辨清真相。但太子说："国君若没有骊姬，就会吃不好睡不好。我若是辨明，骊姬必定有罪。现在国君年纪大了，若因失去了骊姬而不快乐，那我也不会快乐的。"此人又问："那您要逃走吗？"太子说："我背着杀父的罪名，谁会接纳我呢？"于是太子在曲沃上吊自杀了。骊姬还诬陷说，重耳和夷吾也参与了这一阴谋，于是重耳逃亡到蒲城，夷吾逃亡到屈城。这一年，正是齐桓公带着八国军队轰轰烈烈在召陵迫使楚国屈服的一年。

晋献公又派寺人披攻打蒲城，因为重耳在蒲这个地方。重耳说："国君和父亲的命令是不能抵抗的。"他下令说："凡是抵抗的就是我的敌人。"但重耳和太子申生不一样，他没有自杀，而是翻墙而逃，寺人披只砍掉了他的袖子。重耳出逃到了狄国。

晋献公又派军队去打屈城，因为夷吾在屈这个地方。夷吾也只好逃亡到了靠近秦国的梁。

就在齐桓公大会诸侯于葵丘的这一年，晋献公死去了。晋献公本来要去参加齐桓公葵丘会盟的，半路上碰到宰孔，宰孔劝他别去，晋献公就回国了。回国后不久，晋献公就去世了。

晋献公临死前，把奚齐托付给荀息，荀息承诺说要誓死保卫。晋国的里克要杀奚齐迎重耳回国，就先去问荀息是什么态度，荀息说："我要为奚齐而死。"里克说："这样毫无益处。"荀息说："我已经向先君承诺过了，怎么能背叛呢？"

里克杀死了奚齐，荀息要死，有人劝他说还不如立卓子而辅佐他。于是，荀息立奚齐的弟弟卓子为君，里克又杀死了卓子，《国语》记载说他同时也杀死了骊姬。荀息便自杀而死了。晋国国君的位子又空了。

《史记》记载说，重耳认为自己逃避了父亲的追杀，是违背了父命，父亲死后又没有回去吊丧，所以不愿意回国做国君。重耳的弟弟夷吾，在郤芮的建议下，用晋国国土贿赂秦国，想让秦穆公送他回国做国君。秦穆公就问臣下说："夷吾能安定晋国吗？"公孙枝说："夷吾这个人既猜忌又好胜，要他安定晋国，恐怕够呛。"秦穆公说："好，让有缺点的人当上国君，正符合我国的利益。"于是秦国和齐国一起护送夷吾回国做了晋国的国君，他就是晋惠公。秦国为什么要帮夷吾呢？其一是秦国想得到好处，其二，夷吾的异母姐姐是秦穆公的夫人。

晋惠公回到晋国，派人对里克说："没有您，我当不上国君。但是，您杀了两个国君和一个大夫，要做您的国君，是不是也太难了！"里克回答说："奚齐、卓子如果没有被废，您怎么能兴起呢？欲加之罪，其无辞乎？（您想要给我加个罪名，找个借口还不容易吗？）我就按您的意思办吧。"于是伏剑自杀了。接着，晋惠公诛杀了里克的同党，对自己的臣下也不守信用，还把太子申生的遗孀据为己有。

晋惠公也违背了对秦国许下的诺言。回国后，他拖欠当初许诺给秦国的土地不给。晋国发生了饥荒，应晋国之请，秦国把粮食运给晋国；后来秦国发生了饥荒来向晋国要粮食，结果晋国却不给。秦穆公于是发兵攻打

● 《左传》僖公十年：
　　将杀里克，公使谓之曰："微子，则不及此。虽然，子弑二君与一大夫，为子君者，不亦难乎？"对曰："不有废也，君何以兴？欲加之罪，其无辞乎？臣闻命矣。"伏剑而死。

```
┌─────────┐
│  晋献公  │
└────┬────┘
     ↓
┌─────────┐
│  晋惠公  │
└────┬────┘
     ↓
┌─────────┐
│  晋怀公  │
└────┬────┘
     ↓
┌─────────┐
│  晋文公  │
└─────────┘
```

晋国，在韩原之战中俘获了晋惠公。

晋惠公的姐姐，也就是秦穆公的夫人，听说晋惠公被抓到了秦国，就带着自己的两个儿子和一个女儿登上高台，脚下堆满木柴，派人穿着丧服去迎接秦穆公，并且对秦穆公说："上天降下灾祸，让秦、晋两个国家不是玉帛相见，而是兵戎兴起。如果晋国国君早上进入国都，那我当天晚上就自焚；如果晋国国君晚上进入国都，那我就第二天早上自焚。君主您看着办吧。"

秦国的大夫们要把晋惠公带入国都，秦穆公没有同意，有人劝他干脆杀了晋惠公，秦穆公说："我已经向晋国的大夫们许诺过保全他们的国君，我不能食言，违背天地。"正好秦国也有臣下认为晋未可灭，再加上又有秦穆夫人的要挟，于是秦穆公同意了晋国的求和，把晋惠公放回了国。

因为在韩原战败，晋惠公派太子圉到了秦国做人质。太子圉娶了秦国的女子怀嬴。五年之后，太子圉想从秦国逃回晋国，就对怀嬴说："你和我一起回去吧。"怀嬴说："您是晋国的太子，在秦国受委屈，您想要回去，那是应该的。国君让我给您端茶送水服侍您，是为了让您安心。要跟您回去了，那我就是抛弃国君交给我的任务了，我不敢跟您走。但我也不会说出去。"于是太子圉逃回了晋国，回去的第二年，晋惠公死去了，太子圉做了晋国的国君，这就是晋怀公。

晋怀公一上台，就下令不准有人跟随逃亡在外的人，并且规定了期限，到期不回来的，要尽灭其家，不加赦免。这是为什么呢？因为他的伯父重耳经过多年的流亡生活后，这时正好到了秦国，这显然是晋怀公所担心的，他感觉自己的君位受到了威胁，想要消减辅佐重耳的力量。狐突的两个儿子狐毛和狐偃一直跟随着重耳，但狐

● 《左传》僖公二十二年：

　　晋大子圉为质于秦，将逃归，谓嬴氏曰："与子归乎？"对曰："子，晋大子，而辱于秦。子之欲归，不亦宜乎！寡君之使婢子侍执巾栉，以固子也。从子而归，弃君命也。不敢从，亦不敢言。"遂逃归。

● 《左传》僖公二十三年：

　　九月，晋惠公卒。怀公立，命无从亡人，期，期而不至，无赦。狐突之子毛及偃从重耳在秦，弗召。冬，怀公执狐突，曰："子来则免。"对曰："子之能仕，父教之忠，古之制也。策名、委质，贰乃辟也。今臣之子，名在重耳，有年数矣。若又召之，教之贰也。父教子贰，何以事君？刑之不滥，君之明也，臣之愿也。淫刑以逞，谁则无罪？臣闻命矣。"乃杀之。

突却没有把他两个儿子从秦国召回。晋怀公抓住狐突说："你让儿子回来，就免你一死。"狐突回答说："儿子为别人做事，父亲要教他忠诚才是，怎么能教他背叛呢？"于是晋怀公杀死了狐突。

晋怀公的担心确实有道理，此时，重耳在外面流亡了近十九年，千辛万苦后，终于到了他流亡经历中的最后一站：秦国。重耳的苦日子就要熬出头了，上天即将降大任于斯人。

晋文兴霸（二）

由于骊姬的诬陷，晋献公派寺人披去杀自己的儿子重耳，重耳翻墙逃走时，寺人披只砍下了他的袖子。重耳逃到了晋国附近的狄国，因为狄不仅离晋国很近，而且也是重耳母亲的国家。晋国和戎狄杂处在一起，很多方面都受到戎狄的影响，重耳的父亲晋献公还娶了好几位戎狄的女子，骊姬就是其中的一位。

跟随着重耳一起逃亡在外的人，除了狐毛、狐偃外，还有赵衰、颠颉、魏犨、司空季子、先轸等人。重耳和这些人在狄一待就是十二年，还在这里娶妻生子。重耳娶的也是一位狄国女子，叫季隗，后来生了两个儿子。季隗的姐姐叫叔隗，嫁给了赵衰，后来生下了儿子叫赵盾。这位赵盾后来在晋国可是大大有名，被晋国人称为"夏日之日"（夏天的太阳），他的父亲赵衰则被称为"冬日之日"（冬天的太阳）。

最终，重耳等人要离开狄去齐国，临走前，重耳对季隗说："请你等我二十五年，如果还没有回来你就嫁人吧。"季隗说："我已经二十五岁了，二十五年后还要嫁人的话，那也快进棺材了。请让我等您回来。"

● 《左传》僖公二十三年：

狄人伐廧咎如，获其二女：叔隗、季隗，纳诸公子。公子取季隗，生伯儵、叔刘，以叔隗妻赵衰，生盾。将适齐，谓季隗曰："待我二十五年，不来而后嫁。"对曰："我二十五年矣，又如是而嫁，则就木焉。请待子。"

● 《左传》僖公二十三年：

> 过卫，卫文公不礼焉。出于五鹿，乞食于野人，野人与之块。公子怒，欲鞭之。子犯曰："天赐也。"稽首，受而载之。

● 《左传》僖公二十三年：

> 及曹，曹共公闻其骈胁，欲观其裸。浴，薄而观之。僖负羁之妻曰："吾观晋公子之从者，皆足以相国。若以相，夫子必反其国。反其国，必得志于诸侯。得志于诸侯，而诛无礼，曹其首也。子盍蚤自贰焉。"乃馈盘飧（sūn），置璧焉。公子受飧反璧。

于是重耳等人就往齐国去，经过卫国的时候，卫文公大概没有瞧上这位流亡在外的晋国公子，对重耳不太有礼。他哪知道这位重耳将来会做霸主。重耳等人经过卫国的五鹿，要再往东走时，食物没有了，于是就向田野里的野人要吃食。所谓"野人"，就是当地的乡下人，也就是农民。结果农民给了重耳一个土块，重耳大怒，要鞭打他，狐偃赶紧阻止他说："这是上天赐给我们土地啊！"说这是好兆头，还让重耳叩拜，并接受了土块，载在车上。

到了齐国，重耳受到了齐桓公很好的接待。齐桓公不仅给重耳娶了美丽的齐国女子为妻，还让他有了八十匹马。结果重耳就安于这温柔享乐之乡，再没有其他想法了。两年后齐桓公死去，齐国内乱，齐桓公的儿子齐孝公即位后，也无暇顾及护送重耳回国的事情。重耳心满意足地在齐国待了六年，一点都不想离开了。

跟随重耳的人都觉得这样下去不行，他们在一棵桑树下密谋要带重耳离开齐国。正好有一个采桑的女子在桑树上听见了，就去告诉了重耳的妻子姜氏，姜氏杀死这名采桑女，对重耳说："公子您有远大的志向吧，知道您在密谋这件事情的人，我已经把她杀掉了。"重耳说："没有这回事。"姜氏说："您还是走吧，留恋妻室，安于享乐，确实会败坏名声。"重耳不肯走，他现在过得很舒服呢！姜氏就和狐偃等人商量，灌醉了重耳，带着他离开了齐国。重耳醒来以后，气得操起戈就追杀狐偃。

然后他们来到了曹国，曹国的国君曹共公听说重耳长着骈胁，忍不住就想看一看。所谓骈胁，是指肋骨彼此长得紧密，像是一块肋骨。于是趁重耳脱光了洗澡的时候，曹共公就去躲在帘子后面偷看。

曹共公虽然对重耳很无礼，但曹国有一位臣子叫僖负羁，他的妻子却看出辅佐重耳的这些人很不简单，她对僖负羁说："我看晋国公子的这些随从，都足以辅助他。有这群人做辅助，重耳一定会回国，一旦回到晋国，就一定能称霸诸侯，一旦称霸诸侯，就要诛伐那些对他无礼的国家，曹国是首当其冲。您何不早点为自己做两手准备？"于是僖负羁就向重耳赠送一盘食品，里面藏着玉璧，意欲结交重耳。重耳接受了食品，退回了玉璧。不过，僖负羁的心意，重耳显然是铭记在心了。

之后重耳他们又流亡到了宋国，这时宋襄公刚在泓之战中被楚国打败，受伤在家。为了以后能结交晋国，宋襄公赠给重耳八十匹马，这是一份厚礼。当然，宋国此时也无力让重耳回到晋国。

重耳等人又到了郑国，郑国的国君郑文公也不礼遇这位同姓的重耳。然后他们又到了楚国，楚成王倒是设宴隆重招待重耳。宴会中楚成王问："公子如果将来返回晋国，用什么来报答我呢？"重耳回答说："臣、妾、玉、帛，这些您都有；鸟羽、皮毛、象牙、犀革，也都是您国家的特产，即便晋国有这些，那也都是您这儿多出来流到晋国去的，我还能用什么来报答您呢？"

楚成王说："即使是这样，您总还是要用什么来报答我吧？"重耳只好回答说："若托您的福能回到晋国，将来晋、楚两国交战，在中原相遇，我避君三舍（一舍是三十里，也就是说退兵九十里）。如果还是不行，那我就只好拿着弓箭和您周旋一下了。"这话说得软中带硬。

楚国的子玉请求杀了重耳，楚成王说："这位晋国公子志向宏大却生活简朴，文辞华美却符合礼义。他的随从也都忠诚尽力，这是上天要让他兴起啊！我不能违背上天之意。"随后，在楚国的护送下，重耳到了秦国。

秦穆公接待了重耳，还给他娶了五位女子，其中的

● 《左传》僖公二十三年：

及楚，楚子飨之，曰："公子若反晋国，则何以报不榖？"对曰："子、女、玉、帛，则君有之，羽、毛、齿、革，则君地生焉。其波及晋国者，君之余也，其何以报君？"曰："虽然，何以报我？"对曰："若以君之灵，得反晋国。晋、楚治兵，遇于中原，其辟君三舍。若不获命，其左执鞭、弭（mǐ），右属櫜（gāo）、鞬（jiān），以与君周旋。"

● 《左传》僖公二十三年：

　　秦伯纳女五人，怀嬴与焉。奉匜（yí）沃盥，既而挥之。怒曰："秦、晋匹也，何以卑我！"公子惧，降服而囚。

　　他日，公享之。子犯曰："吾不如衰之文也，请使衰从。"公子赋《河水》，公赋《六月》。赵衰曰："重耳拜赐。"公子降，拜，稽首，公降一级而辞焉。衰曰："君称所以佐天子者命重耳，重耳敢不拜？"

文嬴是秦穆公的女儿，怀嬴就是重耳的侄子——晋怀公——当初在秦国娶的那位。怀嬴捧着倒水的容器侍候重耳盥洗，重耳洗完后没用手巾擦手，而挥甩手上的水。怀嬴生气了，说："秦、晋两国地位对等，您为什么这么轻视我！"重耳害怕，赶紧告罪。可见怀嬴很懂礼节，因为贵族应该使用手巾干手才合礼。

一天，秦穆公设宴招待重耳。赴宴前狐偃对重耳说："我不像赵衰那样有文采，您把赵衰带上。"在宴会上，重耳赋了《河水》这首诗，其中有两句是：

沔彼流水（那满满的河水），
朝宗于海（去向大海朝拜）。

表示自己以后会感谢秦穆公，希望秦穆公能送他回晋国。于是秦穆公赋了《六月》这首诗，其中有两句是：

共武之服（致力于武装之事），
以定王国（以此安定王国）。

赵衰赶紧说："重耳快拜谢！"重耳就下了台阶，拜谢叩头。秦穆公也走下一级台阶答谢。为什么赵衰赶紧让重耳拜谢呢？赵衰说："秦君赋了《六月》这首诗，那是把辅佐天子的事交代给了重耳，重耳能不拜谢吗？"

第二年，重耳在秦穆公军队的支持下返回晋国，在到达黄河的时候，狐偃把玉璧交给重耳，说："臣鞍前马后跟从您流亡各国，犯了不少罪过，这些我自己都知道，想来您也不会忘。咱们就此别过。"重耳发誓说："我和舅父您是一条心啊，请让河神做证。"说完便把玉璧献投到了黄河里。

在秦国军队的帮助下，重耳占领了晋国的一些城市。后来，晋国的大夫和军队也都倒向了重耳，重耳进入曲沃，随后到了晋国的都城，在晋武公的庙里朝见了群臣。晋武公是重耳的祖父，也是他们这一支中被周天子承认的第一位晋国国君，所以后来每一位晋国国君即位时，都要去武公庙里朝见群臣。随后重耳派人杀死了晋怀公。经过十九年的流亡，重耳终于当上了晋国的国君。他就是晋文公。

但晋国还存在着晋怀公的势力。一直就是晋惠公、晋怀公党羽的郤芮这些人，因为害怕，于是计划焚烧晋文公的住所杀死他。此时，寺人披求见晋文公，晋文公派人拒绝了他，并责备说："当初你到蒲城来杀我，国君让你一夜之后到达，结果你马上就到了；后来我到了狄，和狄君打猎，惠公派你来杀我，让你三夜之后到达，结果你两夜后就到了。虽然国君有命令，但你也太积极了吧？当初被你砍断的袖子还在呢，你还是走吧。"寺人披说："我以为您回来后，应该已经明白了许多事，看来还不是，您恐怕还会有难。一心一意执行君主的命令，这是自古以来的制度。替君主办事，就是要竭尽全力。人家齐桓公把射钩的事都抛在一边，任用了管仲，您若反其道而行之，不用您说，我自己就走。再说，走的也不止我一个人。"晋文公于是接见了寺人披。寺人披告诉他，郤芮等人要烧他住的房子，要他的命。晋文公赶紧与秦穆公秘密相会，商讨对策。晋文公住所着火的那天，他本人自然不在那里。郤芮等人只好逃走，到了黄河边，结果又被秦穆公骗去杀掉了。可见，外面有大国支持相当重要。

晋文公于是从秦国迎回了夫人文嬴，文嬴是秦穆公的女儿，后世就用"秦晋之好"来表示双方联姻通好。

● 《左传》僖公二十四年：

吕、郤畏逼，将焚公宫而弑晋侯。寺人披请见，公使让之，且辞焉，曰："蒲城之役，君命一宿，女即至。其后余从狄君以田渭滨，女为惠公来求杀余，命女三宿，女中宿至。虽有君命，何其速也。夫袪犹在。女其行乎。"对曰："臣谓君之入也，其知之矣。若犹未也，又将及难。君命无二，古之制也。除君之恶，唯力是视。蒲人、狄人，余何有焉？今君即位，其无蒲、狄乎？齐桓公置射钩而使管仲相，君若易之，何辱命焉？行者甚众，岂唯刑臣。"公见之，以难告。

秦穆公还赠送给晋文公卫士三千人，这些人都是得力之士，可防止晋国再出现动乱。

起初晋文公有一个管理财物的小跟班叫头须，当年晋文公出逃的时候，他没有跟着一起走，而是把财物都藏了起来，后来用作了让晋文公回国的活动经费。晋文公回国当国君后，头须就去求见晋文公。大概因为他没有流亡跟随之功，晋文公便推辞说自己正在洗头。头须对晋文公的仆人说："难怪，洗头的时候心就倒过来了，心倒过来意图就反了。难怪他不见我。跟随他逃亡的人固然有功，留守的人又有什么罪过呢？国君连普通人都这样仇视，那害怕国君的人就会越来越多了。"仆人把这些告诉了晋文公，晋文公急忙接见了他。

这时，狄人把晋文公在狄国娶的女子季隗送到晋国来，但请求把晋文公和季隗生的两个儿子留在狄国。晋文公当初让她等二十五年，结果等了十九年二人就团聚了。那么季隗的姐姐叔隗呢？重耳和赵衰离开狄国后，重耳又给赵衰娶了妻，叫赵姬，生了好几个儿子。这时，赵姬就请求赵衰去接回儿子赵盾和他的母亲叔隗，赵衰推辞了。赵姬说："有了新宠就忘了旧爱，以后还怎么领导众人呢？请一定要把他们迎接回来。"赵姬坚决请求，赵衰便同意了。母子二人回来后，赵姬发现赵盾很有才，又向晋文公坚决请求，要把赵盾作为嫡子，而让她自己生的三个儿子居于赵盾之下，并让叔隗做了正妻，而自己居于她之下。这个故事，后来被汉代的刘向收入《列女传》中广为传诵。

《史记》中说晋文公即位后，赏赐功臣，施惠百姓。《国语》记载，当时的周天子周襄王也派人来赐命晋侯，正式承认他是晋国的国君，晋文公恭敬地按照礼仪接受了，并隆重款待了天子的使臣。使臣回去对周襄王说：

● 《左传》僖公二十四年：
　　狄人归季隗于晋，而请其二子。文公妻赵衰，生原同、屏括、楼婴。赵姬请逆盾与其母，子馀辞。姬曰："得宠而忘旧，何以使人？必逆之！"固请，许之。来，以盾为才，固请于公，以为嫡子，而使其三子下之，以叔隗为内子，而己下之。

"晋，不可不善也，其君必霸。"也就是建议周王室要善待晋文公，以便将来把晋国作为王室的依靠。因为这时周襄王的靠山齐桓公已经死了，他还得再找一个后盾。

在晋文公即位的这一年，周襄王的弟弟王子带又一次叛乱。齐桓公时代，王子带已经叛乱过一次，失败后逃到了齐国，待了十一年，两年前才被周襄王召回京城成周。但王子带却与周襄王从狄人那儿娶来的王后私通，周襄王大怒，废了这位狄后，当然，这也得罪了狄人。于是王子带与几位大夫一起带着狄人的军队进攻周天子。周襄王下面的侍卫们要抵抗，但周襄王说："这样做我怎么向死去的母亲交代呢？还是让诸侯们去处理吧。"于是周襄王离开了成周，住到了外地，但京城的人又把周天子接了回去。

这年秋天，王子带领着狄人的军队进攻周襄王，大败王师，许多大臣都被抓，周襄王只好逃到了郑国。《春秋》这一年就记载说："天王出居于郑。"这也是一种隐晦的说法。《左传》解释说："天子无出，书曰'天王出居于郑'，辟母弟之难也。"意思是普天之下都是天子的地盘，所以天子不说"出"，这里说"出"，是表示躲避王子带引起的祸乱。周襄王逃走后，王子带就带着狄后在温同居。

周襄王向鲁国告难，同时也赶紧专门派人去告诉晋国和秦国，寻求大国的帮助。秦穆公带着军队驻扎在黄河边，准备护送周襄王回去。这时狐偃对晋文公说了一句很重要的话：

求诸侯，莫如勤王。

即要想得到诸侯的拥护做霸主，没有什么比拥护王

● 《春秋》僖公二十四年：
　　冬，天王出居于郑。

● 《左传》僖公二十四年：
　　天子无出，书曰"天王出居于郑"，辟母弟之难也。

● 《左传》僖公二十五年：
　　秦伯师于河上，将纳王。狐偃言于晋侯曰："求诸侯，莫如勤王。诸侯信之，且大义也。继文之业，而信宣于诸侯，今为可矣。"

室更有效的了。这其实就是齐桓公称霸中所用的"尊王"策略。狐偃还说，现在就正是做这件事的好时机。让卜偃对此事进行卜、筮，也都是吉。

于是晋文公对秦军说，这件事我来做就足够，不用麻烦秦国了。晋文公想独揽功劳。于是晋国的军队顺黄河而下，驻扎在阳樊（今河南省济源市东南），之后，晋国一支部队去迎接周襄王，一支部队包围了王子带所在的温。在晋文公的支持下，周襄王又回到了王城，王子带从温被抓走杀掉了。

晋文公勤王取得了成功，于是朝见周天子，周天子用甜酒招待晋文公，并恩许晋文公向自己敬酒。向天子敬酒为什么要经过允许呢？因为周天子是主人，他可以向晋文公敬酒，但作为礼仪，必须要经过周天子的允许，客人才能向天子回敬。被允许向天子回敬酒，是一种荣誉。这时，晋文公向天子提出了一个非分之想：希望自己死后能用天子的规格埋葬。这下周天子不答应了，说："这是天子用的规格，现在还没人有德能代替天子。如果您用了天子规格的葬礼，那就是天下出现了两个天子，这也是叔父您不希望的吧。"周襄王拒绝了晋文公。

但是，王室依然要嘉奖晋文公。周襄王把阳樊、温、原等地赐给晋文公，晋国的国土扩张了。去接收阳樊的时候，阳樊人不服，晋国的军队就包围了阳樊，阳樊有人大声说："安抚中原华夏国家用的是德行，威慑四周夷狄国家才用刑罚。你们这样用武力来对付我们，难怪我们不服。这里谁不是天子的亲戚，难道你要俘虏他们吗？"于是晋国只占领了土地。

这年冬天，晋文公又带兵围攻原，下令带三天的口粮，计划作战三天。结果到了第三天，原还是不投降，晋文公便下令撤军。这时晋国的间谍从城里面出来，说：

● 《左传》僖公二十五年：

冬，晋侯围原，命三日之粮。原不降，命去之。谍出，曰："原将降矣。"军吏曰："请待之。"公曰："信，国之宝也，民之所庇也。得原失信，何以庇之？所亡滋多。"退一舍而原降。

"原即将投降了。"军吏们就说："那就再等待一下吧。"晋文公却说："信用，是国家之宝，是百姓的依靠和庇护。得到原却失去信用，以后用什么来庇护百姓？这样我失去的就更多了。"于是遵守当初只作战三天的命令，撤军了。晋国的军队才退了三十里，原人听说晋文公如此讲信，就投降了。

晋文公问寺人披，谁可以在原镇守。寺人披说："从前赵衰用壶装着食物跟随您，即便他单独一个人走在小道上，饿了也不会偷吃。"于是晋文公让赵衰做了原的大夫。

晋文公通过勤王和征伐，扩大了晋国的地盘，尤其是获得了阳樊、温、原这些地方之后，摆脱了"晋居深山"的困境，晋国的势力向南扩张到了南阳，已经到达楚国的边境。晋与楚之间的冲突，在所难免了。

晋文兴霸（三）

在春秋时代的很长一段时期内，中国南北之间的对峙和争锋是历史的主线。北方的大国，不管是齐国还是晋国，要想称霸，都必须抑制或击退南方楚国的北进；南方的楚国，要想扩大势力，收服中原诸侯各国，也必须北进。今天的河南地区，也即当时的宋国和郑国，往往成为南北双方争锋的焦点地区，谁争取和控制了宋国、郑国这两个国家，谁往往就会形成对另一方有力的威慑和挤压。

在齐桓公死后，宋国仍然与齐国十分亲密，甚至一度敢和楚国对抗，但泓之战，宋襄公被楚国打败，受了伤，很快死去了，宋国在宋襄公死后选择服从楚国。不过，宋襄公死前却结交了一位有实力的朋友——晋文公。晋文公流亡到宋国时，宋襄公送了他八十匹马。晋国的实力此时蒸蒸日上，所以宋国很快又背楚投向了晋国。

郑国在齐桓公死后的第二年，就倒向了楚国的怀抱。此外，鲁国后来也投靠了楚国。这又是为什么呢？因为鲁国曾和别的国家结盟，这惹得齐孝公很不高兴。齐桓

● 《左传》僖公二十六年：

> 东门襄仲、臧文仲如楚乞师，臧孙见子玉而道之伐齐、宋，以其不臣也。

> 宋以其善于晋侯也，叛楚即晋。冬，楚令尹子玉、司马子西帅师伐宋，围缗。

> 公以楚师伐齐，取谷。……置桓公子雍于谷，易牙奉之以为鲁援。楚申公叔侯戍之。

公死后，他的儿子齐孝公在宋襄公的支援下即位，自认为齐国还是霸主，一看鲁国竟敢撇开齐国擅自和他国盟会（先后两次和莒、卫盟会），这哪里行？所以齐孝公就率兵不断攻打鲁国，鲁国只好派人去向强国楚国借救兵，投靠了楚国，并劝说楚国去攻打齐、宋。因为此时基本就只有这两个国家还在对楚国表示不服。

于是鲁国带着从楚国那里借来的救兵，攻取了齐国的谷这个地方，让齐桓公的另一个儿子公子雍住在这里，易牙辅佐着他，这显然是对齐孝公君位的一个威胁。齐桓公的另外七个儿子，也都逃到楚国做了大夫。难怪齐和楚是对头，能取代齐孝公做国君的人，都到了楚国这一边。而且从楚国来的援军在攻取了谷之后，也没有回去，在楚国申公的带领下，直接戍守在这里，像楚国安插在这里的前哨驻军，威慑着齐国。这年，即鲁僖公二十六年（公元前634年），冬天，楚国令尹子玉、司马子西又率军攻打宋国，包围了缗。

这位子玉，就是曾劝楚成王杀掉重耳的那位。《左传》僖公二十七年（公元前633年）记载说：楚国以前的令尹子文治兵（演习作战），一早上就结束，没有惩处一个人；后来子玉治兵，一天才结束，鞭打了七人，用箭穿了三个人的耳朵（一种军中刑罚）。看来子玉治兵很认真，所以时间长；也很严厉，所以有惩处。

人们去祝贺子文选拔人才得当，子文就招待他们喝酒，这时孙叔敖的父亲芳贾来得比较晚，而且来了也不祝贺。

子文询问，芳贾回答说："不晓得该祝贺什么。您让子玉做令尹（楚国执政官名，相当于其他国家的相），让他安抚国家，国内虽然安抚了，但如果在国外吃败仗，您说得到的多还是失去的多？子玉这个人刚而无礼，恐

● 《左传》僖公二十七年：

　　冬，楚子及诸侯围宋。宋公孙固如晋告急。先轸曰："报施、救患、取威、定霸，于是乎在矣。"狐偃曰："楚始得曹，而新昏于卫，若伐曹、卫，楚必救之，则齐、宋免矣。"

怕不能真正治军治民，让他将兵三百乘以上，我看他未必能保全回来。您举荐他，他却让国家战败，我祝贺您什么呢？即使他打了胜仗回来，我再祝贺，也不算晚啊！"芳贾认为子玉不适宜做楚国的主帅，预言他将打败仗，损人马。

　　第二年冬天，即鲁僖公二十七年（公元前 633 年），楚国大军又包围了宋国，这次除了楚国的大军外，还有陈、蔡、郑、许等诸侯国的军队，并且鲁国也在支持楚国。宋国的情况很危急，宋国国君急忙派公孙固通知晋国。晋国的先轸说：

报施、救患，取威、定霸，于是乎在矣。

　　就是说，报答宋国当初的恩惠，救宋国于危难之中，在诸侯中取得威望，成就晋国的霸业，就在这一次了。狐偃也献计说："楚刚刚收服了曹国，又才和卫国联姻，如果我们去攻打曹、卫，楚国一定要去救，这样齐、宋之围就解除了。"这类似于后世三十六计中"围魏救赵"的精神。实际上，在此前两年，秦、晋两国的军队已经一起和楚国发生过间接的摩擦，但没有打起来。狐偃攻打曹、卫而救齐、宋的策略，实际上也还是避免晋国与楚国直接交战。

　　为了备战，晋国整顿军队检阅车马，并建立起了三军。此前已由一军扩到二军，现在成了三军，完全是大国的建制了。三军之中，中军由郤縠统领；上军本来让狐偃统领，但狐偃让给他的哥哥狐毛统领；下军由栾枝统领。晋文公的战车上，驾车的是荀林父，车右是魏犨。

　　新年的春天刚过，晋文公就率军伐曹，向卫国借道——曹在今山东，卫在今河南，伐曹必须要经过卫地，

● 《左传》僖公二十八年：
　　二十八年春，晋侯将伐曹，假道于卫，卫人弗许。还，自南河济。侵曹伐卫。正月戊申，取五鹿……晋侯、齐侯盟于敛盂。卫侯请盟，晋人弗许。卫侯欲与楚，国人不欲，故出其君以说于晋。卫侯出居于襄牛。

● 《左传》僖公二十八年：
　　公子买戍卫，楚人救卫，不克。公惧于晋，杀子丛以说焉。

● 有仇必报

● 有恩必报

卫国不答应。于是晋国军队只好回师，渡过黄河往南，再往东去攻打曹、卫。晋国攻取了卫国的五鹿，晋文公当年就是在这儿接受了农民给他的土块。

二月，晋国中军主帅郤縠去世了，于是中军改由先轸统领。接着晋国又与齐国新即位的君主在敛盂会盟。卫国国君这时一看情况不妙，赶紧也请求加盟，被晋国人拒绝了。卫国国君想要亲近楚国，但卫国国人却不愿意，于是卫国人赶走了他们的君主，赶紧来讨好晋国。卫国国君卫成公被赶出国都后，只好躲在卫国的襄牛（在今河南范县境内）这个地方。

由于卫国是楚国的婚姻之国，所以此前鲁国曾派公子买带领军队在卫国替卫人戍守，鲁国想以此来巴结楚国。现在晋国攻打卫国，楚国来救却没成功，鲁国一看形势不妙，就找借口杀死了公子买，来讨好晋国。

接着，晋文公率兵攻打曹国，在攻打国都城门时，晋军伤亡许多却没能成功。曹国人就把晋国士兵的尸体搁在城墙上展览。晋文公很忧虑，担心影响战斗的士气。有人给晋文公出了个主意，晋国军队于是声称要去曹国人的墓地上扎营，踏平他们的祖墓，曹国人大为恐惧，赶紧把晋国士兵的尸体装进棺材运出城来。趁着曹国人还在恐慌之中，晋国军队攻入曹国国都，抓住了曹国国君，历数曹国国君的罪状，责备他不任用僖负羁这样的贤人，还说，他不是想看我们晋国国君的骈胁吗，现在就来看吧。

进入曹国都城之后，晋文公下令军队不要进入僖负羁的住所，同时赦免他的族人，这是为了报答当年的恩惠。不料这却惹怒了晋国的魏犨、颠颉这两个人，他二人都曾跟随晋文公在外流亡，看到晋文公对僖负羁如此报答，再联想到他二人却并没有这么高的待遇，不禁心中大为不平，于是放火烧了僖负羁的住所。

这不是公然违抗军令吗？晋文公要杀了这两个纵火犯，但又很舍不得魏犨的才能，正好魏犨纵火时，使胸膛受了伤，晋文公就派使者去看他，若发现魏犨伤得严重，就把他杀了。魏犨也不笨，毕竟跟随了晋文公多年，知道晋文公的心思，束胸之后接见了使者，说："托国君的福，我一刻也不敢让自己歇着。"于是跳上跳下，跳前跳后很多次。意思是，瞧，我身体很好。晋文公便没有杀魏犨，但撤了他的职，让舟之侨顶替他做了自己的车右。然而，军令不能废，晋文公于是杀了颠颉以示众。

这时宋国再次派人到晋国军队告急。晋文公说："宋国人又来告急，若不去救，宋国就没了，我不能不救它啊。但要是告诉楚国让其罢兵，楚国不会同意。我想要与楚国打一仗，但齐、秦二国却又没有鲜明表态支持我。怎么办呢？"

中军主帅先轸献计说："让宋国先去贿赂齐国、秦国，让齐、秦二国去劝楚国退兵。我们则抓住曹国国君，把曹、卫的土地分给宋国，以为补偿，给宋国一些甜头。楚国一定舍不得曹、卫的土地被分，所以绝对不会同意齐、秦二国的劝和。齐、秦一看楚国如此顽固，再加上又收取了宋国的好处，最后能不和楚国作战吗？"简直是一箭三雕啊！晋文公大喜，随后照办了。

这时，楚成王让带着楚国军队戍守在谷的申公撤回来，让子玉也带着军队撤离宋国，并且对子玉说："不要去追击晋国军队。晋文公流亡在外十九年，最终还是得到了晋国。他尝遍了艰难困苦，深知民情。十个兄弟中最终只有他还活着，这是上天的安排，岂可违背！兵书里说：'允当则归。'又说：'知难而退。'还说：'有德不可敌。'这三方面，说的就是晋国啊。"然而，子玉坚持

● 《左传》僖公二十八年：
宋人使门尹般如晋师告急。公曰："宋人告急，舍之则绝，告楚不许。我欲战矣，齐、秦未可，若之何？"先轸曰："使宋舍我而赂齐、秦，藉之告楚。我执曹君，而分曹、卫之田以赐宋人。楚爱曹、卫，必不许也。喜赂、怒顽，能无战乎？"公说，执曹伯，分曹、卫之田以畀宋人。

● 《左传》僖公二十八年：
楚子入居于申，使申叔去谷，使子玉去宋，曰："无从晋师。晋侯在外十九年矣，而果得晋国。险阻艰难，备尝之矣；民之情伪，尽知之矣。天假之年，而除其害。天之所置，其可废乎？《军志》曰：'允当则归。'又曰：'知难而退。'又曰：'有德不可敌。'此三志者，晋之谓矣。"

● 《左传》僖公二十八年：

子玉怒，从晋师。晋师退。军吏曰："以君辟臣，辱也。且楚师老矣，何故退？"子犯曰："师直为壮，曲为老。岂在久乎？微楚之惠不及此，退三舍辟之，所以报也。背惠食言，以亢其仇，我曲楚直。其众素饱，不可谓老。我退而楚还，我将何求？若其不还，君退臣犯，曲在彼矣。"退三舍。楚众欲止，子玉不可。

请战，并说要借此向楚国国内质疑他能力的人证明自己。楚王很生气，并没有给他太多的军队。

子玉派人告诉晋国军队说："请恢复曹国、卫国的国君和土地，我们也就放弃围攻宋国。"狐偃说："子玉真是无礼！我们国君只要求解除围攻宋国这一件事，他作为臣子却要求恢复曹、卫这两件事。机不可失，一定要教训他！"但先轸说："应该同意楚国的要求。让人民安定才叫礼。听从楚国的这一句话可以同时安定三个国家，而我们不同意却可以让它们灭亡。这样我们就无礼了，还怎么作战呢？不答应楚国的要求，就是抛弃宋国；我们本来是来救宋国，现在却要抛弃它，以后怎么向诸侯们交代？当然，如果真想作战，那不如私下许诺曹、卫可以恢复他们的国君和土地，但要让曹、卫公开断绝和楚国的关系。此外，我们再扣留楚国的使者，以此来激怒楚国。等作战开始以后再说。"晋文公大喜，又照办了。曹、卫公开和楚国断绝了关系。

果然，子玉大怒，调来包围宋国的楚国军队去追击晋国军队。这下宋国之围解除了。晋国军队往后退，军吏说："作为国君却躲避臣下，多没面子啊，这是耻辱。再说楚国军队在外很久，士气已经低落了，为什么还退呢？"狐偃说："出兵作战，理直就是气壮，理曲就是气衰，在外时间长短与此没有关系。如果没有当初楚国的恩惠，我们也没有今天。后退三舍来避让他们，这是当初许诺的报答啊。如果背弃楚国的恩惠而说话不算数，我们就是理曲了。如果我们退避之后，楚国也回去，我们也别无所求了；如果楚国不退还要进犯，君退臣犯，那就是楚国理曲了。"于是下令退避三舍，即后退九十里。楚国军队也想就此而止，但子玉不同意。

四月初一这天，晋、宋、齐、秦军队一起驻扎在城濮（今山东鄄城西南）。楚国军队背靠险要的丘陵扎营。晋文公忧心忡忡。又听见士兵们在念叨着："抛荒的田里绿油油，不要旧田要新田。"晋文公心中更是疑惑不定。狐偃说："战吧！战胜了一定会得到诸侯的拥戴，即便战败了，国内外有山河作屏障，也没有什么害处。"晋文公说："过去楚国对我的恩惠又怎么办呢？"栾枝说："这点小恩小惠，您就别惦记了。还是战吧！"

晋文公又说他做梦梦见自己和楚成王搏斗，楚王骑在他身上啃他的脑袋，所以还是害怕。狐偃说："这太好了！您躺在地上面朝天，得到了天，他面朝地，表示臣服了啊！"

子玉派人来下战书说："让您的兵士与我们的兵士较量一下吧，劳您在车上检阅，我顺便也一起观战。"晋文公派栾枝回答说："寡君听到命令了。贵国君主的恩惠，一直不敢忘记，所以退避三舍。还以为大夫您已经退了，因为我们想，一个大夫怎敢和一个国君对抗呢？现在既然退避三舍，贵国还不接受，那就麻烦您回去告诉他们：备好你们的战车，做好你们的准备，我们明天一早见！"这是一番春秋时期典型的漂亮的外交辞令。

晋国的兵车七百辆，此时全部都装备好了，晋文公登上一个废墟高处检阅军容，说："少长有礼，其可用也。"意思是长幼有序，可以开战了。又让人砍伐山上的树木，来增加武备和声势。

第二天，双方摆开军队。子玉说："让晋国在今天消失吧！"子玉自己率领中军，子西率领左军，子上率领右军。战争开始了。晋国的下军给战马蒙上虎皮，先击溃了陈、蔡二国的军队，楚军的右军随即溃散，随后晋国上军派出两支部队再击败楚国右军。晋国的下军用战车拖着木柴假装战败而逃，楚国的左军去追击，却遭到

● 《左传》僖公二十八年：
　　子玉使斗勃请战，曰："请与君之士戏，君冯轼而观之，得臣与寓目焉。"晋侯使栾枝对曰："寡君闻命矣。楚君之惠，未之敢忘，是以在此。为大夫退，其敢当君乎？既不获命矣，敢烦大夫，谓二三子：'戒尔车乘，敬尔君事，诘朝将见。'"

● 《左传》僖公二十八年：

　　既败，王使谓之曰："大夫若入，其若申、息之老何？"……及连榖而死。晋侯闻之而后喜可知也，曰："莫余毒也已！"

　　了晋国中军的横击，此时晋国的上军也来夹击，于是楚国的左军也溃败了。这样楚国的左军、右军都被击溃了。只有子玉及时收兵，所以他带领的中军没有溃败。三打二胜，无疑，晋国赢了这场战争。

　　子玉率领的楚军被打败后，楚成王派人去对他说："你要是回来，怎么向父老们交代呢？"子玉便在路上自杀了。楚国的一代将星，就此陨落。晋文公听到这个消息，大喜，说："这下再没人能危害我了。"因为他知道，接下来在楚国当令尹的人是个只顾自己的人，不像子玉这样勇于进取、气势汹汹，能对北方的晋国形成威胁。可以说，楚国的子玉兵败自杀，是楚国的一个巨大损失，却是晋国这次战争的一大成果。《左传》记载，子玉的自杀，"是晋再克而楚再败也，楚是以再世不竞"，也就是说，楚国接下来两代君主，都因此而不能再与晋国争锋。

　　这场战争，我们若做一回顾，其实可以看到：

　　一、刚开始晋国其实并不想和楚国正面直接交战，所以采取了迂回间接的策略，试图通过攻打曹、卫以迫使楚国撤兵，但失败。

　　二、即便要与楚国正面交战，但在没有得到齐、秦支持晋国的明确表态之前，晋国对于要不要打这场仗仍然没有把握，存在顾虑。

　　三、在得到了齐、秦的明确支持后，晋文公本人在战争已经开始时仍在犹豫，能不能打赢楚国、楚国的恩惠怎么回报，这些问题依然困扰着他。

　　四、晋文公虽然有这些犹豫，但他的臣下却表现得十分果敢，不仅打消了晋文公的忧虑，而且在整个战争全过程中可以称得上有勇有谋，有礼有节。城濮之战的胜利，与晋国高明的外交、果敢的臣佐密不可分。

　　五、晋国的赢，赢在外交上——争取到齐、秦的援助，让曹、卫背离了楚国；赢在军队的实力和士气上——晋国的军队经过多年发展已很强大，且退避三舍，由理曲而变为理直。楚国的输，输在了君臣的不一心上，输在楚军统帅的一意孤行上，输在军队的疲劳气衰上，更输在楚王迫使子玉自杀造成的损失上。

● 一战而霸

《左传》说晋文公："出谷戍，释宋围，一战而霸。"既迫使楚国戍守在谷的军队退兵，后来又解除了宋国之围，在城濮一战而胜成为霸主，结束了齐桓公死后十多年天下没有霸主的混乱状态。继齐桓公之后，晋文公的霸业达到了春秋时代第二个高峰。这也就是为什么战国时代的国君，念念不忘"齐桓晋文之事"。

晋文兴霸（四）

●《左传》僖公二十八年：

丁未，献楚俘于王：驷介百乘，徒兵千。郑伯傅王，用平礼也。己酉，王享醴，命晋侯宥。王命尹氏及王子虎、内史叔兴父策命晋侯为侯伯，赐之大辂之服，戎辂之服，彤弓一、彤矢百，玈弓矢千，秬鬯一卣，虎贲三百人，曰："王谓叔父，敬服王命，以绥四国。纠逖王慝。"晋侯三辞，从命，曰："重耳敢再拜稽首，奉扬天子之丕显休命。"受策以出。出入三觐。

《左传》说晋国军队在城濮之战后坐享楚军留下的粮草，三天后才凯旋，并在践土为周天子建造了一座王宫。这时，过去倒向楚国的郑国，赶紧派人向晋国求和。晋国与郑国结盟，郑国倒向了晋国。

打了胜仗的晋国，在践土向周天子献俘：送去有披甲战马的战车一百辆，步兵一千人。天子也用甜酒招待晋文公，还允许晋文公给天子敬酒。天子又隆重派三人去颁布策书，"命晋侯为侯伯"，策命晋文公为诸侯之长。继齐桓公之后，晋文公又确立了霸主地位。不仅如此，天子还赐给他大车以及相关的服饰，还有红色的弓一把，红色的箭一百支，黑色的弓十把，黑色的箭一千支。

赐弓、箭意味着什么呢？天子赐弓、箭给诸侯，就意味着天子把征讨杀伐的权力赋予这位诸侯了。因为名义上，礼乐征伐乃自天子而出。虽然春秋时代早就是礼乐征伐自诸侯出了，但天子赐弓矢给诸侯，还是具有相当重要的象征意义。

此外，还赐给晋文公香酒一罐，虎贲勇士三百人，说："天子对叔父说了，好好听从天子的命令，去安抚四

● 《春秋》僖公二十八年：
　　五月癸丑，公会晋侯、齐侯、宋公、蔡侯、郑伯、卫子、莒子盟于践土。

方的诸侯，为王朝惩治邪恶！"晋文公辞谢三次，才接受王命，拿着策书出去。晋文公一共进出朝觐了三次。

然后，《春秋》记载，晋文公在践土与鲁、齐、宋、蔡、郑、卫、莒盟会，这就是有名的践土之会。接着《左传》记载王室又和诸侯们在践土王庭举行盟誓，盟词说：

皆奖王室，无相害也。有渝此盟，明神殛之，俾队其师，无克祚国，及而玄孙，无有老幼。

意思是大家都要辅助王室，不要互相伤害。谁要违背了这次盟约，神灵会诛灭他，让他的军队颠覆，让他不能享有国家，祸害一直要延续到他的玄孙，而且不分老幼。这次盟会实际上也是在晋的一手操持之下进行的。正是因为有了晋文公，诸侯们又团结在以周天子为中心的周围。晋文公不仅在城濮之战攘夷成功有了霸主之实，由于尊王还取得了天子承认的霸主之名。

在城濮之战这一年的冬天，晋文公又在温大会鲁、齐、宋、蔡、郑、陈、莒、邾、秦九国诸侯，商量谁不服就教训谁。这是秦首次参加中原诸侯盟会。此前臣服于楚的蔡、陈，此时已改换门庭投向了晋国。这次大会，晋文公还召来了周天子，并带着诸侯们拜见天子，还让天子打猎。

● 《春秋》僖公二十八年：
　　天王狩于河阳。

● 《左传》僖公二十八年：
　　是会也，晋侯召王，以诸侯见，且使王狩。仲尼曰："以臣召君，不可以训。"故书曰："天王狩于河阳。"言非其地也，且明德也。

孔子评价此事说："以臣召君，是不能作为榜样的。"所以《春秋》记载此事时隐晦地说"天王狩于河阳"，意思是这里已经不是周天子的地盘了，这样说，也是为了给晋国面子。因为如果据实记载，以臣召君，这就有损晋国的功名了。

那么晋国打赢了楚国，对卫国、曹国这两个战败国是怎么处置的呢？晋国此前可是私许要恢复卫和曹的。先说卫国。卫国国君卫成公被国人赶出国都后，躲在襄牛这个地方，后来一看楚国被晋国打败了，心中害怕就逃往楚国，命令元咺辅佐叔武主持卫国的国政。周王在践土与诸侯的盟会，就是元咺陪着叔武去参加的。

后来有人在卫成公面前说元咺的坏话，说元咺已把叔武立为国君了。正巧元咺的儿子元角跟随着卫成公，卫成公就派人杀死了他。元咺并没有因此废弃卫侯的命令，还是辅佐着叔武回国主持政事。

为了实践自己的诺言，此时晋文公让卫成公回国，恢复他的国君位置。这无疑让此前赶走卫成公的那些人害怕，担心他回来报复。所以卫成公手下的宁武子就和卫人彼此盟誓互不加害，盟辞中说："上天降祸给卫国，使得君臣不和，以致国君外逃。现在上天又让双方都放弃成见彼此和好。从今以后，跟随国君在外的人回国后不要仗势欺人，原来留守在国内的人也不要害怕有罪。若谁违背此盟，必遭神明与祖先的惩罚。"这实际上是说国外卫成公和国内叔武这两派势力，大家要和平相处，要防止卫成公回国报复。卫国国内的人听说了这个盟约，这才安下心来。

不料卫成公却先期而入，即比约定的日期提前回到了卫国，叔武正要洗头发，听说国君回来了，很高兴，来不及收拾，握着头发就出来迎接，却被卫成公的先头部队射杀了。卫成公知道叔武无辜，于是头枕着叔武的大腿哭了起来。这有点像猫哭老鼠死了。一看自己辅佐的叔武被杀死了，元咺立刻逃往晋国。

此前双方明明订立了盟约互不相害，但卫成公不仅先期而入，而且一回国就杀死了叔武。元咺知道自己没

● 《左传》僖公二十八年：

六月，晋人复卫侯。宁武子与卫人盟于宛濮，曰："天祸卫国，君臣不协，以及此忧也。今天诱其衷，使皆降心以相从也。不有居者，谁守社稷？不有行者，谁扞牧圉？不协之故，用昭乞盟于尔大神以诱天衷。自今日以往，既盟之后，行者无保其力，居者无惧其罪。有渝此盟，以相及也。明神先君，是纠是殛。"国人闻此盟也，而后不贰。

有能力处理此事，所以去找霸主来仲裁是非，主持公道。于是元咺向晋文公提出诉讼，起诉卫成公。用今天的话来说，要追究卫成公的违约责任。

这次诉讼，《左传》中记载，被告卫成公方面，诉讼人是宁武子，代理人是鍼庄子，答辩人是士荣。结果卫成公没有胜诉。这个应诉团队虽然挺强大，但毕竟还是理亏，所以最终败诉了。晋国人判决如下：杀了士荣，砍了鍼庄子的脚，认为宁武子忠诚所以赦免了他，并逮捕卫成公，送到京师关进牢房。看来在古代，律师是个高危职业，国君败诉了，他的律师也跟着倒霉，不是被砍头，就是被砍脚。宁武子确实忠心，他继续跟着卫成公，负责给关在牢房里的卫成公送吃送穿。原告元咺胜利之后，就回到卫国立公子瑕做了国君。

后来，晋文公派去医生给卫成公下毒，宁武子贿赂医生，让他减轻了毒药的分量，结果卫成公活了下来。正好鲁国国君鲁僖公为卫成公求情，并献给周天子和晋文公各十对玉，周天子同意了，后来就释放了卫成公。看来当时的天子也是见钱眼开。《国语》里记载，周天子还把晋国批评了一番，说君臣无狱，就是说臣和君之间是不能打官司的，更不能为了臣而杀君，即便臣有理那也不行。卫成公被放出去后，与国内的大臣串通，杀死了元咺和公子瑕。卫成公又回国做了国君。

再说曹国。前面讲过曹国国都被攻破，那位偷看晋文公骈胁的曹共公也被抓了。后来有人劝说晋文公："齐桓公主持会盟而封异姓之国，您主持会盟却反而灭同姓之国，曹国的始封君主是周文王的儿子，晋国的始封君主是周武王的儿子。您现在会合诸侯却灭掉兄弟之国，这不符合礼啊。您当初同时许诺恢复曹、卫，现在卫国恢复了，曹却没有恢复，这不符合信啊。曹、卫同罪，

● 《左传》僖公二十八年：

晋侯有疾，曹伯之竖侯獳货筮史，使曰以曹为解："齐桓公为会而封异姓，今君为会而灭同姓。曹叔振铎，文之昭也。先君唐叔，武之穆也。且合诸侯而灭兄弟，非礼也。与卫偕命，而不与偕复，非信也。同罪异罚，非刑也。礼以行义，信以守礼，刑以正邪，舍此三者，君将若之何？"公说，复曹伯，遂会诸侯于许。

结果处罚却不一样，这不符合刑律啊！抛弃了礼、信、刑，您以后怎么办呢？"晋文公一听，很有道理，于是就恢复了曹国国君的君位，并让曹国国君也参加了盟会。由此可见，霸主虽然可以报私仇，但更要注重公义，这样也才称得上是霸主。

成为霸主之后的晋文公，在内严明赏罚，在外安抚曹、卫诸侯，并把占领的曹国的一些地盘用来犒赏鲁国。第二年，晋国又大会诸侯，商讨攻打郑国，因为郑国当初对流亡中的晋文公无礼，而且在城濮之战中曾派军队给楚国。

一年后晋国和秦国一起包围了郑国。郑国哪里抵挡得住，有人对郑国国君说："国家危险了！但如果让烛之武去劝说秦国国君，他们一定会退兵。"郑国国君就去请烛之武，但烛之武推辞说："我年轻力壮的时候，都比不上别人；现在老了，更没用了。"郑伯说："我没能及早用您，到现在危急的时候才来求您，这是我的过失啊！但是郑国灭亡了，对您也不利啊！"

烛之武就同意了。夜里，有人用绳子将烛之武从城楼放下去，烛之武于是见到了秦穆公，对他说："秦、晋包围了郑国，郑国也知道自己要灭亡了，如果灭掉郑国对您有好处，那您就灭吧。但您隔着晋国想要拥有郑国的土地，您自己也知道这很困难，那么您为什么要灭了郑国去增加邻国的地盘呢？邻国的强大，就是对秦国的削弱啊！您如果放弃攻打郑国，让郑国做您的东道主，秦国的人员过往郑国时，我们郑国提供一切招待。而且您当初给了晋国君主恩惠，他后来却没有把许诺给您的土地给您。晋国哪会有满足！晋国一旦向东扩展了，接下来它就会向西扩展的，到时候如果不抢您的土地，它怎么向西扩展呢？所以这次进攻郑国，是无益于秦国而

● 《左传》僖公三十年：

夜缒而出，见秦伯，曰："秦、晋围郑，郑既知亡矣。若亡郑而有益于君，敢以烦执事。越国以鄙远，君知其难也，焉用亡郑以陪邻？邻之厚，君之薄也。若舍郑以为东道主，行李之往来，共其乏困，君亦无所害。且君尝为晋君赐矣，许君焦、瑕，朝济而夕设版焉，君之所知也。夫晋，何厌之有？既东封郑，又欲肆其西封，若不阙秦，将焉取之？阙秦以利晋，唯君图之。"秦伯说，与郑人盟，使杞子、逢孙、扬孙戍之，乃还。

子犯请击之，公曰："不可。微夫人之力不及此。因人之力而敝之，不仁；失其所与，不知；以乱易整，不武。吾其还也。"亦去之。

有利于晋国啊！您好好想想。"秦穆公一听，有道理，就和郑国人订立盟约，留下部分军队留守在郑国，自己带着大军撤走了。

狐偃请求攻打秦国，晋文公说："不行。如果没有秦国的支持，我们也没有今天。别人帮了我们，我们反而去损害他，这是不仁；失掉了秦国这个同盟国家，这是不智；破坏整齐的局面，这是不武。"于是晋国也退兵了。

过了一年，为了抵御北方的狄人，晋国整顿治理军队，建立起了五军。晋国从三军又扩展到了五军，就快赶上天子六军的建制了。可见晋国的军队越来越强大，已经是当时的超级军事大国了。

● 《春秋》僖公三十二年：
　　冬十有二月己卯，晋侯重耳卒。

又过了一年，楚国派人来到晋国求和，晋国同意了。从此，晋、楚两国开始正式通使往来。就在这一年冬天，即鲁僖公三十二年（公元前 628 年）年末，晋文公去世了。

《史记》说，晋文公外出流亡时已四十三岁，流亡了十九年回到晋国当上国君时已六十二岁，一共在位九年便去世了。晋文公的称霸，如果把他与齐桓公相比较的话，还是有他自身特色的。齐桓公召陵之会是不战而屈人之兵，晋文公城濮之战是战而屈人之兵。清代《左传》研究专家马骕说："桓公之图之也，弭之于未乱之先，文公之图之也，戡之于既乱之后……"这都说明了两位霸主在处理"国际"事务上的不同。不过，对这两位霸主最有名的评价还是孔子说的："晋文公谲而不正，齐桓公正而不谲。"就是说，晋文公诡诈而不正派，齐桓公是正派而不诡诈。

他们的区别，还有一点，那就是，晋文公虽然去世了，但是晋国的霸业并没有随之而去。

六〇 秦穆西霸

秦穆公在位时，秦国逐渐强大起来。然而，强大的晋国始终阻碍着秦穆公的东进，而在秦国的南方还盘卧着强大的楚国，两块硬骨头秦国都咬不动。秦国要发展，只好向西扩展，对更西的戎狄开战去争夺地盘……

秦公镈·铭文（局部）

　　秦公镈是一套春秋早期秦国的青铜乐器，一套3件，纹饰基本相同，大小依次递减。

　　3件镈上各铸有铭文，追述并歌颂秦国襄公、文公、静公、宪公四代先祖建国的功业，并表示作为后辈子孙，不敢有丝毫怠惰。

　　这套秦公镈的形制仍沿袭了西周旧制，反映出秦人仿效周礼，积极向中原礼乐文明靠拢。

秦穆西霸（一）

据《史记》记载，秦国的祖先是黄帝的后代。到西周末年时，周幽王宠幸褒姒，欺蒙诸侯，最后被犬戎杀死在骊山下，当时其他诸侯都不来救，只有秦襄公率兵来救驾，出了大力，立下功劳。

为躲避犬戎之难，后来即位的周平王东迁洛阳，秦襄公也派兵护送，当时，还有晋文侯和郑武公也来护卫天子东迁。周平王于是封秦襄公为诸侯，秦在这时才开始建国，厕身诸侯的行列。既然已经建国，就要封土，"封土建国"就是我们今天常常说的"封建"这个词的本来含义。周平王就把岐之西的土地都封给了秦襄公，说："戎人无道，侵夺我们的岐、丰之地，你们赶走戎人，这些地盘就封给你们秦国吧。"

其实这些地盘此时正四处冒着战火硝烟，处于戎人的践踏与占领之下。也就是说，周天子在东逃之前顺水推舟，给秦国开了张空头支票。不过，秦国总算在理论上有了这样一块地盘。为了占稳周人留下的这块地，从此秦国历代国君与戎人之间展开了上百年的你争我夺，不少秦国国君还为此捐躯。

● 《左传》庄公二十八年：
　　晋献公娶于贾，无子。烝于齐姜，生秦穆夫人及大子申生。又娶二女于戎，大戎狐姬生重耳，小戎子生夷吾。

　　无论是郑庄公在中原显山露水的时候，还是齐桓公称霸的时期，历次诸侯的盟会"派对"中完全没有秦国的身影。为什么呢？因为秦建国比较晚，且一直处于西陲，与戎狄杂处，和中原诸侯国的接触少，被诸侯们一直视为夷狄之国。直到晋文公称霸时，在温之会，秦才第一次和中原诸侯们会盟。参加这次会盟的秦国国君，就是秦穆公。

　　秦穆公是晋文公的姐夫——晋文公同父异母的姐姐伯姬嫁给了秦穆公，成了秦穆夫人。秦穆夫人嫁给秦穆公时，正是齐桓公率领八国诸侯军队浩浩荡荡在召陵迫使楚国屈服签约的这一年。秦穆夫人西去的陪嫁队伍，虽然比不上齐桓公南下的诸侯军队那样声势浩大，但这支陪嫁队伍中却藏着一位了不起的人物，晋献公为嫁女送到秦国去的最有价值的陪嫁，就是此人。他就是后来辅佐秦穆公的百里奚。我们前面讲过，晋献公拿宝玉和宝马贿赂虞国，借道灭掉了虢国，返回时顺便也灭了虞国。此时的百里奚不仅默默无名，而且身份低贱，他是晋献公灭掉虞国时抓回来的一名俘虏，所以晋献公把他作为女儿的一名陪嫁人员送到了秦国去。

　　百里奚的才能，不仅晋献公不知道，就是秦穆公刚开始也不知道。后来百里奚逃出秦国，往南到了楚国边境，被楚国的下人抓住。由于百里奚养牛养得好，楚人就留他在那里养牛。后来秦穆公听说百里奚是个贤人，想要重金把他赎回来，但又怕楚国人不给，就派人去对楚国人说："我有一个陪嫁的下人叫百里奚，听说逃到了你们那里在放牛，我想用五羖（gǔ）羊皮（五张黑色公羊皮）把他换回来加以惩罚，看他以后还敢不敢逃。"

　　楚国人同意了。百里奚回到秦国时，已是七十多岁的一个老头子了。秦穆公亲自给他解绑，要和他讨论国事。百里奚推辞说："我是亡国之臣，哪值得您来咨询。"秦穆公说："虞国国君不用您，所以才灭亡了，这不是您的错啊。"并坚持咨询。君臣二人谈了三天，结果是秦穆公大喜，把国政都交给了百里奚。百里奚被称为"五羖大夫"，因为他是用五张羊皮换回来的。

后来，百里奚又向秦穆公推荐他的朋友蹇叔，说蹇叔这个人十分贤能但不为人所知。百里奚说自己："当初想做官，到齐国去，结果穷困潦倒以至于讨饭，是蹇叔收容了我；后来想去事奉公孙无知，蹇叔阻止了我，果然公孙无知被杀，我能免于难；后来到了周，王子颓喜欢牛，我就养牛去接近他，王子颓要任用我的时候，蹇叔又阻止了我，我就离开了周，果然后来发生了王子颓之乱，而我也逃脱了诛杀；后来又去事奉虞国国君，蹇叔再次阻止我，我也知道虞国国君不会真正用我，但我确实私下里贪图那点官位和俸禄，就留下来了。你看，两次听他的话，我都能脱离灾祸，一次没听他的话，就跟着虞国国君一起倒霉了。所以我知道蹇叔是个贤人。"

于是秦穆公派人隆重地迎接蹇叔，任命他为上大夫。但可惜的是，后来在最关键的时候，秦穆公也没有听蹇叔的劝阻，结果损兵折将吃了大亏，不过，这是后话。看起来谁不听蹇叔的话，谁就会倒霉。

秦穆公任用百里奚、蹇叔这些贤能之士后，秦国逐渐强大起来。由于秦晋是婚姻之国，大概也出于睦邻友好的考虑，秦国在外交上采取了和邻国晋国保持友好的策略。当然，秦穆公也并不是不想向东拓土，只是此时他的丈人晋献公领导下的晋国实力强大，秦国还不敢妄动。后来晋献公逼死太子申生，公子重耳、夷吾等逃到国外。晋献公死后，逃亡在外的公子夷吾想回国做国君，于是向秦国寻求支持，许诺事成之后割给秦国黄河西面

● 《左传》僖公九年：
  齐隰朋帅师会秦师，纳晋惠公。
● 《左传》僖公十五年：
  晋侯之入也，……晋侯许赂中大夫，既而皆背之。赂秦伯以河外列城五，东尽虢略，南及华山，内及解梁城，既而不与。

● 《左传》僖公十三年：

　　冬，晋荐饥，使乞籴于秦。秦伯谓子桑："与诸乎？"对曰："重施而报，君将何求？重施而不报，其民必携，携而讨焉，无众必败。"谓百里："与诸乎？"对曰："天灾流行，国家代有，救灾恤邻，道也。行道有福。"丕郑之子豹在秦，请伐晋。秦伯曰："其君是恶，其民何罪？"秦于是乎输粟于晋，自雍及绛相继，命之曰"泛舟之役"。

● 《左传》僖公十四年：

　　冬，秦饥，使乞籴于晋，晋人弗与。庆郑曰："背施，无亲；幸灾，不仁；贪爱，不祥；怒邻，不义。四德皆失，何以守国？"

五个城邑。能不战而向东得到晋国的地盘，秦穆公当然愿意，于是在秦穆公派兵护送与支持下，夷吾回国做了国君，他就是晋惠公。

　　《左传》记载，晋惠公回国后却背信食言，拒绝履行对秦的诺言。有人劝秦穆公攻打晋国，秦穆公没有同意。

　　几年后晋国连续发生饥荒，派人到秦国请求购买粮食。秦穆公问公孙枝："给他们吗？"公孙枝回答说："再一次给他们恩惠，他们若报答我们，这也是君王您想要的；若再一次给他们恩惠，他们却不报答我们，那他们老百姓的心就会散，这样我们去攻打他们，他们肯定就会失败。"

　　秦穆公又问百里奚的意见，百里奚说："天灾，是各个国家都会有的。救灾恤邻，道也。"也就是说，救援灾荒，抚恤邻国，这是正道。有人劝秦穆公乘机攻打晋国，秦穆公说："我虽然讨厌他们的国君，但是他们的老百姓没有罪啊！"于是秦国就把粮食运送给晋国。这次运粮的队伍规模很大，《左传》里记载说"自雍及绛相继"，雍是当时秦国的都城，绛是当时晋国的都城。运粮的队伍在两国都城之间连绵不绝，很是壮观，史称"泛舟之役"，因为这次粮食运输，使用舟船，通过了渭河、黄河、汾河等。这是一次规模巨大的"国际救援"。

　　不巧的是，过了一年，秦国也发生了饥荒，派人到晋国去请求购买粮食，结果晋国拒绝了秦国。晋国的庆郑一再劝说晋惠公，说这样做是不仁不义，但晋惠公不听。晋国也有人说：我们连许诺给秦国的土地都没有给，现在给点粮食又有什么用呢？反正已经食言了，干脆食言到底。

　　于是第二年，秦穆公发兵攻打晋国，连续三次击败晋军，一直打到了韩原这个地方。晋惠公慌了，问庆郑：

"敌人深入进来了，怎么办？"庆郑说："您让他们深入的，能怎么办？"晋惠公说："你说话真是放肆无礼！"

晋惠公亲自准备出战，战前占卜谁适合做自己的车右，结果是庆郑，但是晋惠公不用他。晋惠公这次所乘战车使用了郑国送来的马，庆郑劝阻说，作战一定要使用本国的马，外国的马不像本国的马那样熟悉主人和道路，进退时也不一定能听从指挥，但晋惠公不听。

晋与秦在韩原开战。晋惠公派人对秦穆公说："寡人不才，既然把军队召集在一起，就不好解散了。您若不回去，我们也只好开战了。"秦穆公派公孙枝去应答道："您没当国君的时候，我替您忧虑，您当了国君位子还没稳定时，我仍替你忧虑。现在您一切都准备好了，那咱就作战吧。"

结果战争中晋惠公的马陷在烂泥里出不来，晋惠公赶紧向庆郑呼喊求救，庆郑说："不听劝阻，违背占卜，本来就是自求失败，您还逃什么呢？"竟然没理他就离开了。其实这场战争中本来是秦穆公被晋军围住，差点就要被晋军俘获了，正是因为晋惠公这一喊，耽误了庆郑，庆郑没赶过去，秦穆公就跑掉了。

不过《史记》记载说，秦穆公这次能脱险，还跟他的仁慈之心相关。秦穆公有一匹好马跑丢了，后来被岐山下的一伙乡下人抓住吃了，这伙人有三百多人。秦国官吏要治他们罪，秦穆公说："君子不能为了牲畜去加害人民，我听说吃了好马的肉如果不喝酒，会对人的身体有损伤。"于是还赐酒给这三百多人，并赦免了他们。所以这次听说秦国进攻晋国，这三百多人就都请求跟从秦穆公出战，秦穆公被晋军围困的危急时刻，正是这三百多人拼死冲杀，才救出秦穆公，还俘获了陷在烂泥里的晋惠公。

● 《左传》僖公十五年：

　　秦获晋侯以归。

　　晋大夫反首拔舍从之，秦伯使辞焉，曰："二三子何其戚也！寡人之从晋君而西也，亦晋之妖梦是践，岂敢以至？"晋大夫三拜稽首曰："君履后土而戴皇天，皇天后土，实闻君之言。群臣敢在下风。"

● 《左传》僖公十五年：

　　是岁，晋又饥，秦伯又饩（xì）之粟，曰："吾怨其君，而矜其民。且吾闻唐叔之封也，箕子曰：'其后必大。'晋其庸可冀乎？姑树德焉，以待能者！"

　　《左传》记载，晋惠公被俘后，晋国的大夫们披头散发，拔起帐篷，都跟在晋惠公的后面。秦穆公派人去辞谢说："诸位也太担忧了吧，我不过是跟你们国君一起往西去，实现晋国的妖梦罢了，我不会做得太过分。"晋国的大夫赶紧拜谢说："天地做证，您说话一定要算数。"

　　"晋国的妖梦"是指什么呢？《左传》记载，晋惠公的哥哥，也就是太子申生死后，曾在曲沃显灵，说晋惠公太无礼，所以他向天帝请求让秦国打败晋国，天帝同意了，许诺让秦国在韩原打垮晋惠公。

　　因为有周天子的请求，再加上秦穆夫人的要挟，也是为了实现自己对晋国大夫的许诺，秦穆公后来同意了晋国的求和，把晋惠公放回国。当然放晋惠公回国去也是有条件的，一是晋惠公的太子圉要到秦国做人质，二是晋惠公把河西的土地割给秦国。这时，秦国的地盘就东扩到了黄河边。

　　晋惠公回国了。因为韩原之战中庆郑没有救晋惠公，还讽刺挖苦晋惠公，于是有人对他说："你怎么不逃走呢？"庆郑说："我已经让国君陷入了失败，如果我现在逃走，就又让国君失去了刑罚。这不是一个人臣的做法。作为人臣却不符合臣道，我又能逃到哪里去呢？"晋惠公一回国，就杀死了庆郑。这一年，晋国又发生了饥荒，秦穆公再次把粮食输送给晋国，说："我虽然怨恨他们的国君，但我更可怜他们的百姓。"

　　晋惠公的太子圉在秦国做了几年人质，后来偷偷逃跑回了国，并在他父亲晋惠公死后做了国君，这就是晋怀公。晋怀公刚上台时，重耳也到了秦国。秦穆公很看重重耳，又护送他回国，杀死了刚当上国君不到一年的晋怀公。在秦穆公的大力支持下，重耳做了国君，这就是晋文公。

晋惠公、晋文公这两位晋国君主，都是通过秦国的大力支持才回国做了国君，并且秦穆公分别将秦女嫁给了晋怀公、晋文公，只是晋怀公不争气，所以随即又被秦穆公用晋文公代替了。无疑，秦穆公是想以此左右晋国，让秦国获得利益。遗憾的是，晋惠公回去后，就翻脸不认秦国了；晋文公回去，后来也做了霸主，就更不会对秦国俯首听命了。秦穆公的投资，似乎没有赢利的希望了。然而，晋文公只在位九年就死去了，这个时候，秦穆公一下子感到，机会到了。

秦公钟·春秋时期·宝鸡青铜器博物院藏

秦穆西霸（二）

● 《左传》僖公三十二年：

冬，晋文公卒。庚辰，将殡于曲沃，出绛，柩有声如牛。卜偃使大夫拜，曰："君命大事，将有西师过轶我，击之，必大捷焉。"

《左传》记载，晋文公死去后，棺材要送到曲沃停放，但在离开晋国国都绛城时，棺材里发出了牛叫一样的声音。这又是什么兆头呢？晋国的卜偃赶紧让大夫们下拜，说："国君发布了军事命令：将有一支西边的军队进入并袭击我国，晋国如果攻击他们，一定会大胜。"我们知道，《左传》里面记载了很多预言，而这些预言基本上后来都应验了。

晋文公死后预言的这支西方军队，就是他的老朋友秦穆公的军队。不过这支秦军并不是来攻击晋国的，而是偷偷摸摸地经过晋国去袭击郑国。

两年前，晋文公和秦穆公一起攻打郑国，结果在郑国烛之武的一番劝说下，秦国独自撤军了。现在秦国为什么又要攻打郑国呢？起因其实正在于两年前的那次秦、晋攻郑，当时秦军撤走，曾留下杞子等人带着一支部队留守在郑国。

现在，杞子派人给秦穆公送来情报说："郑国人让我掌管着他们北门的钥匙，如果悄悄派军队来偷袭，郑国就可以拿下了。"秦穆公询问蹇叔的意见，蹇叔说："劳

● 《左传》僖公三十二年：

　　杞子自郑使告于秦曰："郑人使我掌其北门之管，若潜师以来，国可得也。"穆公访诸蹇叔，蹇叔曰："劳师以袭远，非所闻也。师劳力竭，远主备之，无乃不可乎！师之所为，郑必知之。勤而无所，必有悖心。且行千里，其谁不知？"

● 《左传》僖公三十三年：

　　三十三年春，秦师过周北门，左右免胄而下，超乘者三百乘。王孙满尚幼，观之，言于王曰："秦师轻而无礼，必败。轻则寡谋，无礼则脱。入险而脱，又不能谋，能无败乎？"

师以袭远，非所闻也。（辛苦军队去攻击远方之地，没听说过有这样的事。）再说，军队长途奔袭，精疲力竭，而远方之国又事先做好了准备以逸待劳，这样做恐怕行不通吧？带着军队奔袭于千里之外，谁人不知呢？"

　　但秦穆公不以为然，召见孟明、西乞、白乙，让他们带着军队从东门而出，进军郑国。蹇叔跑来哭着对孟明说："小孟啊，我看见军队出去，但恐怕看不见军队回来了！"秦穆公派人去对蹇叔说："您老明白什么呀！您如果六七十岁就死，您墓地上的树已经可以一人合抱了！"意思是您活得太老了，糊涂了。

　　正好蹇叔的儿子这次也在军中，蹇叔哭着送别他说："晋国军队一定会在殽这个地方与秦作战，那地方有两座山，我就到那两山之间去收你的尸骨吧。"又是一个预言。

　　秦国的军队向东开拔，途中经过周天子的地盘，按照规定，诸侯国的军队经过天子城邑时，要摘下头盔脱下铠甲，兵车上除了驾车的，左右两边的兵士也要下车，以示对天子的尊重。但这支秦国的部队在经过周天子都城北门时，兵车左右两边的兵士却只摘下了头盔下车致敬了一下，并没有脱下铠甲。甚至有三百辆兵车上的士兵在跳下车后随即又跳上了车，敷衍了一下。这个时候，王孙满还年少，看在眼里，就对周天子说："秦军轻佻无礼，此行一定会失败。"这又是一个预言。

　　秦军到了滑这个地方，碰上了正要去京城做生意的郑国商人弦高。毕竟商人的头脑精明转得快，弦高一看这情况，灵机一动，一方面，先派人带着四张牛皮送给秦国军队，随后又送去了十二头牛犒劳秦军，说："我们国君听说诸位带着军队经过郑国，所以特意派我来慰劳你们。敝国已经为你们做好了准备，如果住一天呢，那就提供一天的粮草；如果歇一宿呢，那就替你们把一夜风。"

另一方面，弦高急忙派人通知郑国。郑国立即派人去秦国杞子等人住的地方查探，发现他们已经把东西捆装好了，兵器也已磨锋利了，战马也已喂饱了。郑国国君就派人对杞子等人说道："诸位在我国住得似乎太久了点，我们再也养不起了，诸位还是另找个觅食的地方，也让我们歇一下松口气吧。"明摆着，主人下了逐客令，要将他们驱逐出境。杞子等人只好仓皇出逃他国。

这边秦军统帅孟明听弦高这么一说，心头一怔，速与众人商量说："郑国已经有防备了，这下没希望了。要去进攻郑国不一定打得下，要长期围攻郑国我们又没有后继的援军。我们还是撤吧。"于是就地灭了滑国，往回走。

秦国这次偷袭郑国，必须要经过中间的晋国，但是秦国并没有向晋国借道，这是因为：一来当时的霸主晋文公刚刚死去了，秦穆公未免不把晋国放在眼里；二来秦穆公认为自己在郑国有内应，想神不知鬼不觉地偷袭。

无疑，这惹恼了晋国人。先轸说："秦国不听蹇叔的劝谏，为满足个人贪心而兴师动众，这正是天助我也，机不可失，敌不可纵。放跑了敌人，就会发生祸患；违背了天意，就会不吉利。必须要攻击秦军。"但是，栾枝说："秦国对晋国的恩惠我们还没有报答，就去攻击他们，怎么向死去的国君交代呢？"先轸说："秦国不为我们的丧事而哀悼，又攻灭了与我们同姓的滑国，这都是无礼的举动，它对我们有什么恩惠？我听说，一日纵敌，数世之患也。（放走敌人一次，会给几代人带来灾患。）我们本着对子孙负责任的态度，这总可以向死去的国君交代了吧！"

● 《左传》僖公三十三年：

晋原轸曰："秦违蹇叔，而以贪勤民，天奉我也。奉不可失，敌不可纵。纵敌患生，违天不祥。必伐秦师。"

栾枝曰："未报秦施而伐其师，其为死君乎？"先轸曰："秦不哀吾丧而伐吾同姓，秦则无礼，何施之为？吾闻之，一日纵敌，数世之患也。谋及子孙，可谓死君乎？"

夏四月辛巳，败秦师于殽，获百里孟明视、西乞术、白乙丙以归。

先轸可以说是相当敏锐地看清了将来的形势，那就是秦国要想扩张，就必然要向东；向东扩张，就必然要攻击晋国；为了让晋国的子孙将来不为秦国所害，不如现在有机会时就先狠狠打击秦国的实力，也就是说不遗患子孙。实际上历史也证明了这一点。后来晋国分裂为韩、赵、魏三国，被称为三晋，战国时代秦正是通过吞食三晋，不断向东扩展，而最终打败了东方六国，统一了天下。

晋国布置军队，还发动了姜戎的军队。晋文公的儿子晋襄公穿着丧服亲自作战，但丧服是白色的，军队的服装是黑色的，所以晋襄公就把白色的丧服涂上黑色，和姜戎的军队一起在险要的殽地伏击秦军。这场仗打得漂亮，不仅全歼了秦军，还俘获了秦军的三名统帅孟明、西乞、白乙。晋襄公回去后，穿着黑色的丧服埋葬了晋文公，从此，晋国的丧服也就改用黑色了。

历史总是惊人的相似。想当初，晋惠公在韩原之战中被秦穆公俘获，抓至秦国，晋惠公的姐姐极力救下了晋惠公并让他回国。现在，晋襄公的母亲也就是晋文公从秦国娶来的夫人文嬴，也极力要放走这次被抓来的秦国三帅，她对晋襄公说："就是这三个人在挑拨秦、晋两国国君之间的关系，现在秦国国君恨不得吃了他们的肉，哪里用得着你来惩罚他们呢？不如把他们放回去，让秦国国君自己宰了他们！"晋襄公毕竟太年轻太简单，也比较幼稚，就放走了这三人。

先轸上朝，问起秦国俘虏，晋襄公说："夫人请求放了他们，我就放走了。"先轸大怒，说："将士们费死劲才在战场上抓住他们，妇人说几句忽悠的话您就把他们放跑了。胜利成果就这么没了，敌人就这样得以助长。我看晋国就快要灭亡了！"说着就面对着晋襄公啐了一

● 《左传》僖公三十三年：

文嬴请三帅，曰："彼实构吾二君，寡君若得而食之，不厌，君何辱讨焉！使归就戮于秦，以逞寡君之志，若何？"公许之。先轸朝，问秦囚。公曰："夫人请之，吾舍之矣。"先轸怒曰："武夫力而拘诸原，妇人暂而免诸国。堕军实而长寇仇，亡无日矣！"不顾而唾。

● 《左传》僖公三十三年：

秦伯素服郊次，乡师而哭，曰："孤违蹇叔，以辱二三子，孤之罪也。"不替孟明，曰："孤之过也，大夫何罪？且吾不以一眚（shěng）掩大德。"

● 《左传》僖公三十三年：

狄伐晋，及箕。八月戊子，晋侯败狄于箕。郤缺获白狄子。先轸曰："匹夫逞志于君，而无讨，敢不自讨乎？"免胄入狄师，死焉。狄人归其元，面如生。

口。先轸也是在愤怒之下忍不住有了无礼的举动。

晋襄公这才醒悟过来，赶紧派阳处父去追杀，赶到黄河边时，孟明等三人已经在船上了。阳处父解下车左边的马，对孟明说："这是我们国君下令送给您的告别礼物，您来取走吧。"孟明在船中稽首说："谢谢你们国君没有杀我们，让我们回国领罪受死。如果回去后我们国君让我们去死，那也是虽死犹存；如果国君让我们免罪不死，那三年后我们一定会来回报贵国国君的恩赐！"

秦穆公早就素服在身，在郊外等着这三位败军之将了，不过不是惩罚，而是哭着道歉说："寡人不听蹇叔的话，让你们几位受辱了，这都是寡人的错啊！"有人建议应该杀了兵败的孟明，但秦穆公说："千错万错这都是我的错。孟明没有罪啊！都是我起了贪心，才导致这场祸害啊！"秦穆公不撤孟明的职。

霸主晋文公死去之后，乘人之危想占便宜的不仅仅是秦国，这一年里狄人也紧接着来打劫晋国，攻到了箕（今山西蒲县东北）这个地方，晋襄公又率军在箕打败了狄人的军队。在这次战斗中，先轸说："我一介匹夫，为图一时快意，竟然在国君面前发泄，国君不惩处我，我岂敢自己也不惩处自己！"说完摘下头盔，冲入敌阵，英勇战死。狄人把先轸的头送了回来，竟然面目如生，可见他是怀着必死之心坦然而死的。先轸死后，晋襄公提拔并任命先轸的儿子先且居做了中军元帅。

箕之战，晋国大胜，晋国的郤缺还俘获了白狄的首领。郤缺是谁呢？他其实是晋惠公的党羽郤芮的儿子，他的父亲郤芮是晋文公的对头。当初郤芮等人曾阴谋策划焚烧晋文公的住处杀死晋文公，失败后逃到黄河边被秦穆公诱杀。罪人之子郤缺怎么会被晋文公任用呢？

晋国的胥臣有一次出使在外，看见郤缺在田里除草，他的妻子来田间给他送饭，郤缺对自己的妻子相当恭敬，对待她就像对待宾客一样，所谓相敬如宾。于是胥臣就带着郤缺回去，并推荐给晋文公，晋文公说："他的父亲有罪，能用他吗？"胥臣回答说："舜惩罚了鲧，却任用了他的儿子禹；管仲当初不也射过齐桓公吗？父子兄弟，一人有罪，互相并不连累。"晋文公就任用了郤缺。可见晋文公确实是霸主风范，能任用仇人的儿子。后来郤缺也确实为晋国做出了贡献。

殽之战后的第三年，秦国孟明带着军队再攻打晋国，这是为了报殽之仇，也是实现他自己当初逃离晋国时说的三年之后必对晋国国君进行回报的许诺。秦、晋双方在彭衙对阵，但是秦军依然被晋国打得大败。晋国人就嘲讽地说这次秦国的军队确实是"拜赐之师"。

晋襄公上台后，不仅打败了秦国、狄国，还与楚国争锋，率领陈、郑攻打亲近楚国的许国、蔡国，与楚军对峙。诸侯们来朝拜晋国，但卫国不来，晋襄公又带着诸侯去征伐卫国，先且居说："卫国没有来朝拜晋国，所以我们去征讨；但国君您也没有去朝拜天子啊，那就是跟卫国国君一样了。不如您去朝拜天子，我去攻打卫国。"晋襄公照办了。这其实是提醒晋襄公还得尊王才行。

鲁国国君鲁文公也没有去朝见晋国。晋国去问罪，鲁文公不敢得罪，只得亲自到晋国去结盟，为了羞辱鲁国，晋国就派了一个大夫阳处父与鲁文公结盟。按照礼制，应该是国君与国君结盟才是对等，现在只派了一个大夫来与一个国君结盟，晋国确实是霸气凌人。所以，鲁国的《春秋》为了避讳，只记载为"及晋处父盟"，而不记载是鲁文公亲自到晋国去这件事，因为有损颜面！接下来，晋国又召集宋、陈、郑、鲁会盟；同年又带着宋、陈、郑伐秦。

● 《春秋》文公二年：
二年春王二月甲子，晋侯及秦师战于彭衙，秦师败绩。

● 《春秋》文公二年：
三月乙巳，及晋处父盟。

● 《左传》文公二年：
晋人以公不朝来讨，公如晋。夏四月己巳，晋人使阳处父盟公以耻之。书曰："及晋处父盟。"以厌之也。适晋不书，讳之也。

可见，晋文公虽然死去了，但晋国仍然控制着诸侯，诸侯们仍要去给晋国进贡，晋襄公仍然保持着霸主的实力。所以说，晋文公虽然死去了，但晋国的霸业并没有随之结束。

秦国的孟明虽然在彭衙再次吃了败仗，但秦穆公依然重用他，《左传》说孟明在秦国于是"增修国政，重施于民"。晋国的赵衰知道了，就对大夫们说："秦国的军队再来的话，大家一定要避而不战。秦国有了孟明这样的人，不可挡也。"

果然，过了一年孟明又带着秦军进攻晋国，《左传》说这次秦军"济河焚舟"，即渡过黄河后把船都烧了，先自绝退路，表示这回要决一死战。后世项羽也模仿了这一做法，所谓破釜沉舟。但晋国采取了赵衰的策略，闭城不出，以避其锋芒。秦军渡过黄河，去殽地祭拜了一番才回。

由于强大的晋国横亘在秦国东进的路上，秦国被碰得头破血流，向东的扩张被阻挡了。从晋襄公即位起，秦、晋之间就开始长期处于敌对之中。秦国的东边是晋国，南边是强大的楚国，这两块硬骨头，秦国都咬不动。可叹一代雄主秦穆公，生不逢时，被晋、楚两大强国限制在这样一个局促的旮旯里，心有宏图，却挪腾不开手脚。

但是，秦国又要发展，怎么办呢？只好向西扩展，对更西的戎狄开战去争夺地盘。《左传》说正是秦穆公重用孟明，最终"遂霸西戎"。《史记》也记载说，秦穆公向西攻打戎王，"益国十二，开地千里，遂霸西戎"。

清代学者马骕在《左传事纬》中，对秦穆公做了这样一个评价："中国不可一日无霸也，齐桓既没，晋文未兴，旷八年而无霸矣。无霸而有霸，则秦穆公为之也。……秦穆公奋然有为，再置晋君，城濮一战，文公

● 《左传》文公二年：
　　秦伯犹用孟明。孟明增修国政，重施于民。赵成子言于诸大夫曰："秦师又至，将必辟之。惧而增德，不可当也……"

● 《左传》文公三年：
　　秦伯伐晋，济河焚舟，取王官及郊，晋人不出。遂自茅津济，封殽尸而还。遂霸西戎，用孟明也。

遂霸。君子曰：晋之霸也，秦穆其有焉。定晋之乱，成文之功，左右霸主，中国再振，齐桓所不能为者，穆能为之，虽谓之霸，亦未尝不可也。"

七 楚庄称霸

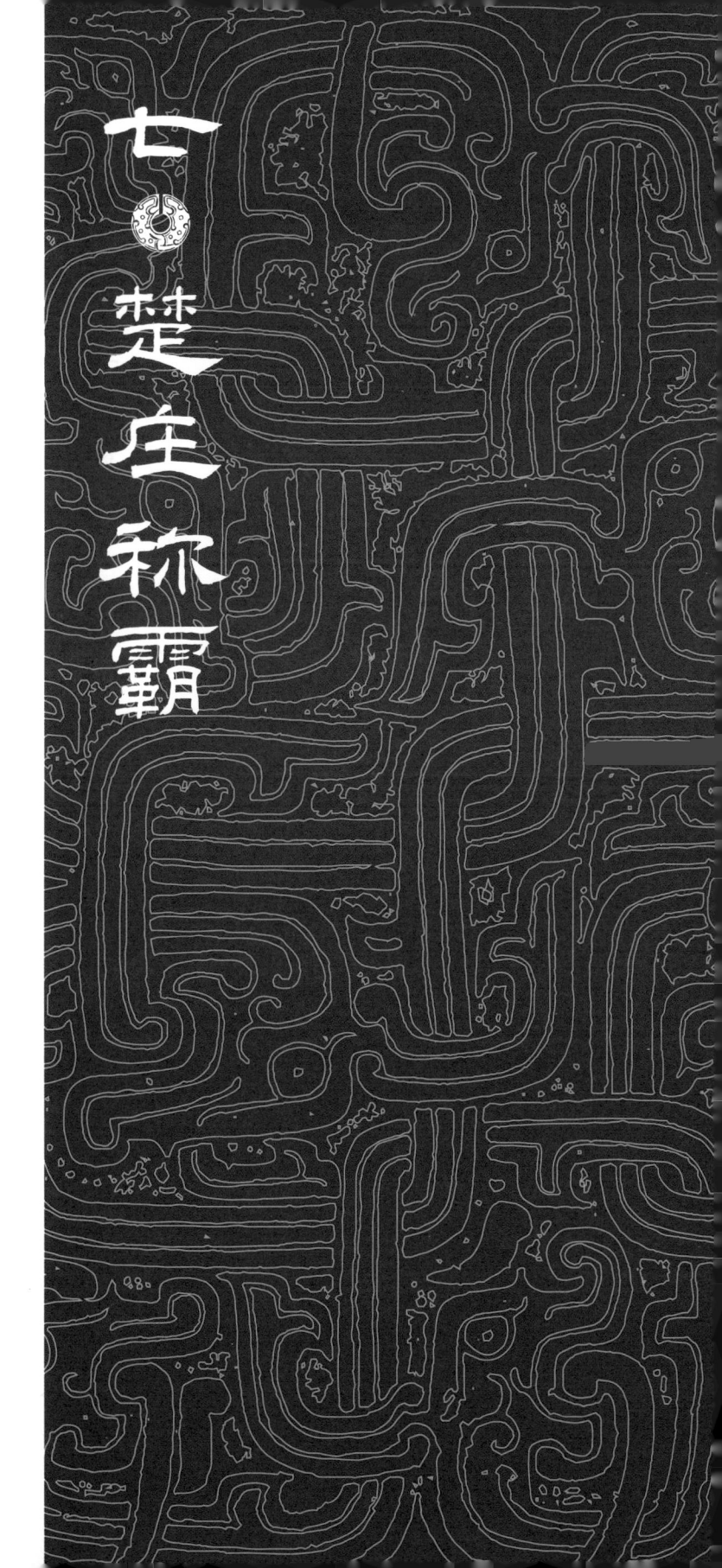

楚国的北进一直是中原诸侯国尤其是霸主们提防和抑制的重点。楚庄王在他即位的第三年一鸣惊人,随后开始北进,为争夺地处中间地带的郑、宋、陈等与国,与晋国之间开始了一系列的战争……

楚王子午鼎·铭文

　　鼎主人是春秋时期的霸主之一楚庄王之子王子午,也就是子庚。当时王子午担任楚国的令尹,一生骁勇善战。
　　铭文的大意是,王子午自铸铜鼎,以祭先祖文王,进行盟祀。我施德政于民,因而受到尊重,望子孙后代以此为准则。

楚庄称霸（一）

据《史记》记载，楚国的先祖也是黄帝的后代，曾帮助周人灭商，到了周成王时，被封在南方的楚蛮之地，也就是在今天湖北汉水流域一带。《史记》记载"封以子男之田，姓芈氏"，楚国的国君此后被称为"楚子"。楚国人在南方披荆斩棘，艰苦创业，并吞了周边一些小国，实力逐渐强大起来。后来，周昭王曾三次南下征伐楚国，却对楚国奈何不得，周昭王反而为此丧命，楚在南方甚至一度称王。

西周灭亡后，进入东周春秋时期，这时楚国的国君叫熊通。就在鲁庄公出生的这一年，也就是鲁桓公六年（公元前706年），熊通在位的第三十五年，楚国进攻旁边的随国。楚对随说："我是蛮夷之国，可现在诸侯们都发动反叛相互侵犯，相互残杀。我手头也还有些军队，打算带着他们参与中原的政事，你向周王室申请给我加一个尊敬的封号吧，别总是叫我'楚子'了。""子"是对蛮夷之国国君的一种贬称，中原诸侯国一直是把楚国当作蛮夷看待的。

随国是姬姓，也就是周王的亲戚，随侯去京城请求

● 《左传》桓公六年：
　楚武王侵随。

给楚一个尊敬的封号，但没有得到周王室的准许。随侯返回报告了楚君，楚君熊通大怒，说："我的祖先，连周文王、周成王都认可他们。我们居住的楚地，也是周成王封的。如今周王不加封爵位给我，那我就只好自己尊封了。"于是熊通就自封为王，从此，楚国国君开始称王。熊通，就是历史上的楚武王。楚武王在位共五十一年，最后死在征伐随国的路上。

楚国向北拓土扩张侵略的努力一直没有消停。在齐桓、宋襄、晋文、秦穆先后崛起的各个时代，楚国的北进一直是中原诸侯国尤其是霸主们提防和抑制的重点，可以说，中原诸侯国害怕楚国甚于害怕北方夷狄的入侵。只要楚国一冒头，中原诸侯国在大国的领导下就会对它进行打压，而且大部分时候是有效的，当然有时候也会失败。

齐桓公时代，齐桓公带着八国诸侯军队在召陵迫使楚国屈服，签订和约，不战而屈人之兵，打消了楚国北进的念头。宋襄公时代，想当霸主的宋襄公在泓与楚军作战大败，一些诸侯国纷纷倒向楚国。紧接着兴起的晋文公，却在城濮之战中力挫楚军，并使勇猛北进的楚军统帅子玉自杀，一些臣服于楚的诸侯国又纷纷倒向了晋国，楚国北进的势头，至此又一退缩。

晋文死后，秦穆虽强，却在与仍然强大的晋国的争斗中屡屡受挫而削弱，所以秦国这时还不敢向南发展与楚争斗，于是向西发展。而南方的楚国，面临着北方强大的秦、晋两国，也不敢贸然行事。南北形势，此时处于对峙的平衡状态。

生逢齐桓、宋襄、晋文、秦穆时代的，都是同一位楚国国君，他就是楚成王，在位长达四十六年，差点儿赶上他的祖父楚武王的在位年数了。这位楚成王，就是

● 《左传》文公元年：

　　初，楚子将以商臣为大子，访诸令尹子上。子上曰："君之齿未也，而又多爱，黜乃乱也。楚国之举，恒在少者。且是人也，蜂目而豺声，忍人也，不可立也。"弗听。

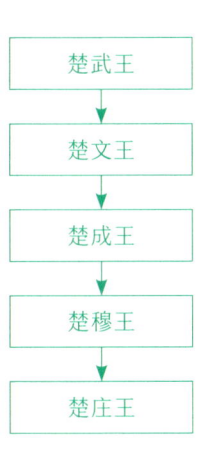

```
楚武王
  ↓
楚文王
  ↓
楚成王
  ↓
楚穆王
  ↓
楚庄王
```

　　我们这里要讲的楚庄王的祖父。楚成王在位期间，楚国虽然强大，而且在泓之战中还打败了想称霸的宋襄公，但他为人处事却不太符合中原诸侯国的礼制，所以中原诸侯们认为他最终是称不了霸的。不仅如此，有人还预测他没有善终。《左传》中的预言，往往是会应验的。

　　《左传》记载，楚成王要立商臣做太子时，曾咨询令尹子上，子上有意劝阻，并且警告楚王说："商臣这个人，蜂目而豺声（眼睛像胡蜂，声音像豺狼），是一个残忍的人，不能立他做太子。"但楚成王不听。立了商臣做太子以后，楚成王又想废黜商臣，改立另一个儿子王子职做太子。但这个消息并不是太确定，商臣就去请教他的老师潘崇，如何才能弄明白这个消息的真假。

　　潘崇就出计让他设宴招待楚成王的妹妹江芈，也就是商臣的姑姑。在招待中商臣故意对这位姑姑表现出不尊敬，果然这位性格火暴直爽的江芈姑姑大怒，斥骂商臣说："你这个贱人，难怪你老爹要杀掉你换王子职做太子！"商臣赶紧去对潘崇说："消息确实是真的。"潘崇问他："你能事奉公子职吗？"商臣说："不能。"潘崇问："那你能逃往国外吗？"商臣说："不能。"潘崇问："那你能干大事吗？"商臣说："能。"话说到这个地步，意思很明白，要造反了。

　　在楚成王在位的第四十六年的冬十月，商臣率领宫中的警卫部队包围了他的父亲楚成王。楚成王一看，就请求吃一个熊掌以后再死。临死前为什么会提出这样一个要求呢？因为熊掌要花费很长时间才能弄熟，楚成王这是想拖延时间等救兵。但商臣不答应，没办法，楚成王只好上吊自杀了。

　　据《左传》记载，楚成王死后，先给他谥为"灵"，但楚成王的尸体不闭眼，死不瞑目啊；后来把谥号改为

● *《左传》文公元年：*

　　冬十月，以宫甲围成王。王请食熊蹯而死，弗听。丁未，王缢。谥之曰"灵"，不瞑；曰"成"，乃瞑。

"成"，这才瞑目。谥号"灵"和"成"有什么区别呢？谥号是对死者一生的评价，根据《谥法解》，"乱而不损曰灵"，"安民立政曰成"，显然，"成"这个谥号要比"灵"好得多。

　　商臣当上了楚国的国君，他就是楚穆王。楚穆王在位期间，北方晋国的君主晋灵公年纪很小，秦、晋之间又不断冲突，这使得晋国无暇顾及诸侯，《左传》所谓"晋君少，不在诸侯"。楚穆王乘机北侵，势头甚至还猛过他的父亲楚成王，不仅继续吞灭了周边的一些小国，而且郑、陈、宋都先后被迫向楚国臣服。晋、楚南北对峙的平衡似乎开始倾斜，楚国称霸的形势越来越明显。但就在此时，在位十二年的楚穆王去世了。楚穆王的儿子楚庄王即位。南北对峙状态的破局，就要由这位楚庄王来完成了。

　　《史记》记载，楚庄王即位三年，不发号令，日夜作乐，还在国中下令说："有敢上谏的，死无赦！"伍举进宫上谏，看见楚庄王左手抱一美女，右手抱一美女，坐在钟鼓之间。伍举说："我想献个谜语给君王猜：山岗上有只鸟，三年不飞也不鸣，这是只什么鸟？"楚庄王回答说："三年不飞，一飞就要冲天；三年不鸣，一鸣就要惊人。你退下吧，我知道了。"

　　但几个月过去了，楚庄王却愈加荒淫无度。这时大夫苏从进宫直谏，楚庄王说："你没听说我下的禁令？"苏从回答说："若能让国君贤明，杀了我，我也情愿。"于是楚庄王就停止纵欲取乐，开始处理政事，杀戮了几百人，提拔了几百人，任用伍举、苏从处理政务，国人皆大欢喜。这就是我们熟知的"一鸣惊人"的故事，这个故事曾被后世许多文献广泛记载而流传。楚庄王为什么要这样行事呢？

● 《左传》文公十四年：

　　楚庄王立，子孔、潘崇将袭群舒，使公子燮与子仪守，而伐舒蓼。二子作乱，城郢，而使贼杀子孔，不克而还。八月，二子以楚子出。

● 《左传》文公十六年：

　　楚大饥，戎伐其西南，至于阜山，师于大林。又伐其东南，至于阳丘，以侵訾枝。庸人帅群蛮以叛楚。麇人率百濮聚于选，将伐楚。于是申、息之北门不启。

　　楚庄王三年不飞不鸣，这是一种韬光养晦的策略。他这样做，是和即位后楚国当时的局势紧密相关。《左传》记载，在楚庄王即位的当年，令尹子孔和潘崇要率军去攻打楚国旁边的群舒。群舒大致是在今天安徽舒城一带的一些国家，有所谓舒庸、舒蓼、舒鸠、舒龙、舒鲍等国，统称为群舒。公子燮和子仪镇守国都，但这两人却在国都作乱，并修筑加固郢都的城墙，想要阻止子孔、潘崇的军队回到国都，且派人去刺杀子孔，但没有成功。一看情势不妙，这两个人就挟持着刚即位的楚庄王逃离郢都，想要逃往他地，结果中途被人诱杀，楚庄王这才获救。这一事件，使楚庄王认识到，当时楚国公族势力太强大，所以他即位后需要装糊涂，做掩饰，静观其变，要等自己位子稳定了，机会成熟了，再展现力量。

　　于是我们看到，在楚庄王即位的头三年里，楚国对外也采取了低调的态势。这时的晋国赶紧在北方拉拢诸侯，原来臣服于楚的陈、郑、宋，都倒向了晋国，只有蔡还不服从晋国。在楚庄王即位的第二年，晋国就攻击蔡国，迫使蔡国签订了城下之盟。接着，晋国又召集宋、卫、蔡、陈、郑、许、曹在扈会盟。

　　在楚庄即位的第三年，楚国遭受了大饥荒，戎人乘机也来进攻楚国的西南部，趁火打劫。不仅如此，楚国周围的一些蛮夷之国也纷纷叛楚，庸国率领着蛮夷部落，麇国带领着百濮群族，结集起来进攻楚国，楚国北部的边境重镇申、息两座城市，北门都不敢打开了。

　　情形如此严峻，以至于楚国人都要计划迁都了。但蒍贾反对，他说："我们能迁走，敌人也能追来。逃跑不是办法。不如与庸国作战。麇和百濮是认为楚国发生了饥荒出不了兵，这才进攻我们的；一旦看到我们出兵了，他们一定会害怕而退兵。更何况百濮这些部落，散居在各处，一旦看到我们出兵伐庸，他们也就作鸟兽散，无暇顾及楚国了。"这位芮贾，也就是此前曾说楚军统帅子玉刚而无礼的那位，他曾预言子玉若将兵三百乘以上，就不能保全回来了。芮贾的儿子叫孙叔敖，是有名的贤人，后来做了楚国的令尹。

楚庄王听从了芮贾的建议，于是出兵。十五天后，百濮果然撤走了。楚国进攻庸国，军队从郢都出发时带的军粮路途中吃完了，只好打开途经之地的粮仓征集军粮，将士上上下下吃同样的伙食，大家同甘共苦。但楚国初次进攻时有所失利，庸国俘虏了楚国的子扬窗，过了三夜，子扬窗逃了回来，报告说："庸国军队人马太多，许多蛮族部落都聚在那里，我们应该再发大军，并同时出动国君的直属部队，合在一起去进攻。"有人说："这样不行。不如和他们作战，让他们先骄傲起来，骄傲起来的军队，就容易打败仗了。"所谓骄兵必败。于是楚和庸又交战，楚国七战七败。这下庸国人果真骄傲起来，说："楚国已不足一战了。"竟然对楚军不再防备。

而这时，楚庄王乘坐着驿车，带着人马赶来，与在临品这个地方的军队会师后，兵分两路，夹击庸人。秦人、巴人的军队也跟随在楚军后面响应，于是群蛮纷纷屈服，与楚国结盟，楚国灭掉了庸国。在楚庄王即位的第三年，他终于一飞冲天。灭庸就是楚庄王的冲天之举，不仅在危亡之际挽救了楚国，而且在诸侯之中打响了自己的名头。

天高任鸟飞。此后的天空，一片晴朗。《左传》记载说，这期间，"晋侯侈，赵宣子为政，骤谏而不入，故不竞于楚"。也就是说，北方的大国晋国，由于国君晋灵公奢侈胡为，虽然有贤能的赵盾当政，但赵盾的关注点这

● 《春秋》文公十六年：
　　楚人、秦人、巴人灭庸。

时基本在晋国内部的权力之争上，虽多次劝谏过晋灵公，却不被晋灵公采纳，所以此时的晋国，已无法去和楚国相争了。

在楚灭庸后的第三年，即鲁宣公元年（公元前608年），楚庄王在位第六年，郑穆公说："晋不足与也。"意思是晋国已经不值得依附了。于是郑国脱离晋国而与楚国结盟，倒向了楚国。但陈、宋还服从晋，楚国就攻打陈和宋，晋国赵盾亲自率军来救陈、宋，并攻打倒向楚国的郑国。楚国芳贾也率兵来救郑，与晋军在北林交战，俘虏了晋国的大夫解扬，晋国只好退兵。

过了一年，也就是鲁宣公二年（公元前607年），楚国又命郑国去攻打宋国，结果大败宋国，俘获了宋国的统帅华元，缴获了兵车四百六十乘，抓住的宋国俘虏有二百五十人，另外还杀敌一百人。据《左传》记载，华元的被俘，和他的御者——战车的驾车人——有关。在作战之前，华元杀羊犒劳士卒，结果他的御者羊斟没有分到。到了作战的时候，羊斟说："此前吃羊肉的时候，是您做主；今日之事，就该我做主了。"于是驾着战车把华元送入敌阵，华元就被俘虏了。对于这种不正之风，《左传》予以严厉批评，说羊斟简直是"人之无良"者，也就是人群中的坏蛋，为了个人的私怨，而使国家蒙受损失，人民遭受痛苦。

为了从郑国赎回华元，宋国人准备了一百辆兵车，四百匹好马，才送去一半，华元就逃了回来。华元回来见到羊斟，说："那天是你的马不听使唤吧？"羊斟倒也痛快，直接回答说："不是马，而是人。"说完就逃到鲁国去了。

楚国指使郑国攻打了宋国，晋国于是马上带着诸侯去打郑国。楚国的斗椒说："要想得到诸侯的拥护，就不

● 《左传》宣公二年：

将战，华元杀羊食士，其御羊斟不与。及战，曰："畴昔之羊，子为政；今日之事，我为政。"与入郑师，故败。君子谓："羊斟非人也，以其私憾，败国殄民，于是刑孰大焉？《诗》所谓'人之无良'者，其羊斟之谓乎！残民以逞。"

● 《左传》宣公二年：

　　夏，晋赵盾救焦，遂自阴地，及诸侯之师侵郑，以报大棘之役。楚斗椒救郑，曰："能欲诸侯，而恶其难乎？"遂次于郑，以待晋师。赵盾曰："彼宗竞于楚，殆将毙矣。姑益其疾。"乃去之。

能怕麻烦。"楚国便去救援郑国。斗椒带着军队驻扎在郑国，等着与晋国交锋。赵盾说："斗椒的宗族在楚国争权夺利，我看他就快要完蛋了。我们再等等。"晋国于是撤兵。晋国此时还在躲避楚国。但谁都看得出，楚与晋之间的争锋已经开始，矛盾不可避免。

　　那么，赵盾的这番话，到底是惧怕楚国而撤兵的托词，还是他确实有所洞察而看到了什么？越来越强盛的楚国，在和晋国的争锋中是否最终占据了上风？这留待我们下面仔细来讲。

楚庄称霸（二）

楚庄王在他即位的第三年一鸣惊人，灭掉了庸，在南方越来越强大。处在晋、楚之间的郑国一看形势变化了，赶紧改换门庭，脱离晋国的怀抱而投靠了楚国。此后，为争夺对地处晋楚中间地带的郑、宋、陈这些诸侯国的控制，晋、楚之间的争斗开始了。从总体上看，晋国和楚国这两个大国的实力本身其实差不多，基本处于一个平衡状态；而晋、楚之间的郑、宋、陈这些国家就成了最重要的砝码，谁加码多，天平自然也就倾向谁了。所以楚、晋之间为争夺与国开始了一系列的战争。

鲁宣公元年（公元前608年），郑国投向楚国，随即晋、楚交兵，晋国无功而返。第二年，因为郑国的原因，晋、楚又交兵，结果还未交锋，晋国又主动退避了，因为晋国的主帅赵盾预测说，楚国将会发生内乱，不如再等等。赵盾预测楚国即将发生内乱，却没想到自己国家倒先出了乱子。问题出在此时晋国的国君晋灵公身上。

《左传》记载说"晋灵公不君"，意思是他这个君主做得很不像个君主，说他征收很重的赋税来装饰房屋的

● 《左传》宣公二年：

　　晋灵公不君：厚敛以雕墙；从台上弹人，而观其辟丸也；宰夫胹熊蹯不熟，杀之，置诸畚（běn），使妇人载以过朝。

● 《左传》宣公二年：

　　秋九月，晋侯饮赵盾酒，伏甲，将攻之。其右提弥明知之，趋登，曰："臣侍君宴，过三爵，非礼也。"遂扶以下，公嗾（sǒu）夫獒焉，明搏而杀之。盾曰："弃人用犬，虽猛何为！"

　　墙壁。他还在高台上用弹弓射人，专看别人是怎么惊慌躲避，以此为乐。一次厨子烧煮的熊掌不太熟，晋灵公就下令杀了厨子，把尸体盛在筐里，让妇人们抬着筐扔出去。经过朝廷的时候，赵盾和士会看到筐里露出了手，就询问怎么回事，知道后很是忧虑，赵盾就要去劝谏国君。士会说："您这一劝谏，如果国君还是不听的话，就没有人敢再去劝谏了。不如让我先去，如果国君不听，您再去吧。"因为赵盾是晋国的正卿，所谓一人之下，万人之上。他这一劝，别人就没有余地了。

　　士会进去，晋灵公装作没看见他，士会一再跟着晋灵公往里走，晋灵公才张眼看他，说："我知道错了，我以后改。"士会叩头说："没有人不犯错误，知错能改，善莫大焉。真正能知错就改的人其实不多，君王能有这样的认识，那国家就有保障了。"

　　口头上虽然答应了，但晋灵公仍旧不改。赵盾也多次进谏，晋灵公十分厌烦，就派了一个叫鉏麑的刺客去暗杀赵盾。凌晨的时候，鉏麑潜入赵盾住所，看到赵盾卧室的门已经打开，赵盾将上朝的衣冠穿戴整齐，因为时辰尚早，就坐在那里打瞌睡。

　　鉏麑退了出来，叹气说："不忘记恭敬，这才真是百姓的主人。刺杀百姓的主人，是不忠；但如果放弃国君的命令，这又是不信。不忠与不信，只要有其一，就不如死去。"鉏麑于是撞死在槐树上。这样的刺客，真是令人一叹。

　　晋灵公仍不甘心。他又请赵盾去喝酒，暗地里在宫中埋伏武士，想要杀了赵盾。在喝酒时，赵盾的车右提弥明察觉到了，于是快步登上殿堂，说："臣子侍奉国君喝酒，超过三杯，就不合礼仪了。"扶持着赵盾就往堂下走。晋灵公唆使猛犬去扑赵盾，提弥明与猛犬搏斗杀死了猛犬。赵盾说:"不用人而用狗,狗再猛也没有用!"赵盾边斗边往外走,这时提弥明已经被众武士杀死,幸好有一个晋灵公的卫兵反过来帮助赵盾,赵盾才逃走了。晋灵公的卫兵为什么会倒戈来帮助赵盾,这里面有什么故事吗?

晋灵公的这名卫兵叫灵辄。《左传》记载他在外做事三年了,回家探亲时,在路上饿得奄奄一息,正好碰到赵盾打猎。赵盾看到灵辄这个样子,就问他得了什么病,灵辄说自己已经三天没吃东西了。

赵盾就给他吃的,不料灵辄却吃一半,留一半。赵盾问他原因,灵辄说快到家了,不知道母亲还在不在,想留一半给她。看来这人和颖考叔一样是个孝子。赵盾让他吃完,又给他准备了一筐饭和肉,让他带回去给母亲。后来灵辄做了晋灵公的卫兵,所以关键时刻他出来救了赵盾。《左传》的作者比较提倡有仇必报,也提倡有恩必报,所以书中记载了不少这类报恩的故事。

● 《左传》宣公二年:
乙丑,赵穿攻灵公于桃园。宣子未出山而复。大史书曰"赵盾弑其君",以示于朝。宣子曰:"不然。"对曰:"子为正卿,亡不越竟,反不讨贼,非子而谁?"

赵盾逃脱了晋灵公的杀戮,还没有逃出晋国国境,他的堂兄弟赵穿就在桃园杀死了晋灵公。这位赵穿,是晋襄公的女婿,也就是晋灵公的姐夫。一看赵穿杀死了晋灵公,赵盾就又回来,当然也恢复了原位。不料晋国的史官董狐却在史书上记载"赵盾弑其君",并加以公布。赵盾感到冤枉,说记录的不对,事实不是那样。但这位太史董狐却说:"您作为晋国的正卿,弑君之时您还没有逃出国境,也就是还在国内;回来后也不查办凶手。弑君的人,不是您又是谁呢?"既然当政,就要负责任。赵盾虽然感到冤枉,但也只好接受了。

● 《左传》宣公二年:
孔子曰:"董狐,古之良史也,书法不隐。赵宣子,古之良大夫也,为法受恶。惜也,越竟乃免。"

感到冤枉的不仅仅是赵盾本人,连后来的孔老夫子也表达了同样的遗憾,《左传》中记载孔子说:"董狐,确实是古代的好史官,他能够依法直书而无所隐晦。但

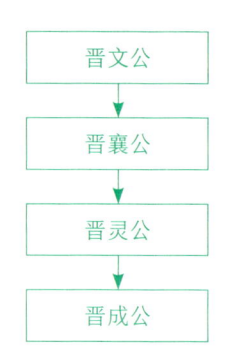

赵盾也是古代的好大夫，因为法度而蒙受了恶名。可惜啊，要是当初赵盾逃出国境就好了，这样他就没有弑君的恶名了。"

晋灵公被杀死后，赵盾就让赵穿把公子黑臀从周迎接回来做了晋国的国君，这位公子黑臀是晋文公的儿子，晋襄公的弟弟，也是晋灵公的叔父，他就是晋成公。无疑，赵氏家族还是掌握着晋国的国政。而且我们知道，晋国自晋献公以后，形成了不畜养群公子的惯例，也就是除了太子以外，晋国国君的儿子们，即我们常说的公族，必须远离国内的政治与权力。

当初晋献公"尽逐群公子"，像晋文公重耳、晋惠公夷吾等人都被赶到了国外，就是为了让奚齐平安即位。晋成公也是一样，是从周迎接回来的。晋国国内不畜养群公子，照理说，这可以保证嗣君的权力不被人分走，可以使国君的权力更加集中和稳固，但事与愿违，晋国没有了公族的威胁，国君的权力却落在了掌控朝政的卿大夫们手里，这些掌控权力的卿大夫个个势力强大，最终，到了春秋末年，晋国被三家所分，由一国而分成了韩、赵、魏三国，这三家原来都是晋国的大夫。

在晋国的卿之中，尤其是赵氏家族最为强盛。说起来，这支赵氏家族其实对晋国也建功不少，赵盾的父亲赵衰辅佐晋文公称霸，赵盾在晋灵公时也一直为晋国掌舵，如今又迎立晋成公即位。晋成公即位后，还出台了一个重要的政策：让卿的嫡子和其他儿子纷纷担任晋国的各种官职。赵盾的异母弟赵括就做了晋国的公族大夫。而我们知道，公族大夫这一职位，在各诸侯国中本来是应该由公族成员来担任的，现在在晋国却开始由异姓来担任，可见，晋国卿大夫的权力是越来越大了。

在晋成公即位的第一年，晋国又攻打郑国，迫使郑

晋文公
↓
晋襄公
↓
晋灵公
↓
晋成公

● 《左传》宣公二年：
　　初，丽姬之乱，诅无畜群公子，自是晋无公族。及成公即位，乃宦卿之適子而为之田，以为公族。又宦其余子，亦为余子。其庶子为公行。

● 《左传》宣公三年：

　　楚子伐陆浑之戎，遂至于雒，观兵于周疆。定王使王孙满劳楚子。楚子问鼎之大小、轻重焉。对曰："在德不在鼎。昔夏之方有德也，远方图物，贡金九牧，铸鼎象物，百物而为之备，使民知神、奸。故民入川泽山林，不逢不若。螭魅罔两，莫能逢之。用能协于上下，以承天休。桀有昏德，鼎迁于商，载祀六百。商纣暴虐，鼎迁于周。德之休明，虽小，重也。其奸回昏乱，虽大，轻也。天祚明德，有所厎（zhǐ）止。成王定鼎于郏鄏，卜世三十，卜年七百，天所命也。周德虽衰，天命未改。鼎之轻重，未可问也。"

　　国与晋国结盟。上一年晋国就攻打过郑国一次，但当时有楚国援救郑国，晋国不敢交兵就撤退了。但是，这一次楚国没有来救郑国。楚国在忙什么呢？楚国这一年也在兴兵，《左传》说这一年楚庄王兴兵攻打陆浑之戎，一直打到了洛水，把军队摆在了周天子的境内，耀武扬威。

　　此时的周天子是周定王，刚刚即位一年。他派王孙满去慰劳楚庄王，不料楚庄王竟向王孙满打听周王室的九鼎，询问九鼎的大小、轻重。鼎是由青铜铸成用来煮肉、盛肉的礼器，是国家的重要象征。相传夏朝曾用天下九州上贡的青铜铸了九个大鼎，商灭夏，九鼎传到了商朝，周灭商，九鼎又传到了周朝，周成王把九鼎迁到了洛阳。现在楚庄王带着军队已经到了洛阳附近，九鼎就在他的眼皮底下了。

　　面对楚庄王的询问，王孙满说："德最重要，鼎并不重要。从前夏朝有德的时候，把天下九州上交的贡金铸成了九鼎，上面铸有鬼神风物，保佑子民不受螭魅魍魉的迫害。夏桀昏乱，鼎迁到了商朝，前后经历了六百年。到商纣王暴虐，鼎又迁到了周朝。如果有德，鼎即便很小，那也很重；如果奸邪昏乱，鼎即便很大，那也很轻。上天把鼎赐给有德的人，都是有一定期限的。周成王把鼎迁到了洛阳，占卜的结果是，鼎在周朝要传世三十代，享国七百年，这是上天命定的。周德虽衰，天命未改。鼎之轻重，未可问也。"也就是说，现在周朝的德行虽然有些衰减，但天命并没有改变；鼎的轻重，是不能询问的。如果从周成王迁鼎洛阳算起，到周显王时鼎沉落在泗水里为止，前后确实差不多正好七百年左右。后来秦灭周统一了天下，相传秦始皇还派人到泗水去打捞九鼎，但没有成功。

　　王孙满的这一番话，不知楚庄王当时听了做何感想，

《左传》中没有记载。《史记》中记载，楚庄王在听到王孙满说"在德不在鼎"之后，是这么回应的："你别以为九鼎有什么了不起，我们用楚国戈戟刃口上那点儿铜，就足够铸成九鼎了！"虽然口头上这么说，在听完王孙满的一番言辞之后，最终"楚王乃归"，楚庄王还是老老实实带着军队回去了。

楚庄王回去一看，依附于自己的郑国由于晋国进攻这时又反水到晋国一边了，于是在这年夏天，楚国也攻打郑国，但没有取得什么成效。郑国是谁也得罪不起，但结果是把谁都得罪了，郑国的国君不好当啊！郑国的国君这个时候是郑穆公，在遭到晋、楚两国长年的夹攻之后，在这年冬天生病了。郑穆公慨叹说："兰花一死，我也就死了。兰花就是我的生命啊。"然后割掉了兰花，郑穆公就死去了。

这是怎么回事呢？原来郑穆公的名字就叫兰，《左传》记载，当初郑穆公的母亲做了一个梦，梦见一位天上的使者送给她一枝兰花，这位使者说："我是你的先祖，现在特意来把兰赐给你做儿子，这是因为'兰有国香'（兰花之香为全国之首），人人都喜爱它。"果然不久郑文公就拿着一枝兰花来找她，后来她便生下了儿子郑穆公，并且给他取名叫兰。郑穆公一直把这枝兰花视作自己的生命。

郑穆公死后，太子即位，就是郑灵公，他的名字叫夷。郑灵公从楚国人那里得到了一只大鼋，厨子正准备把这只大鼋切成块烹煮的时候，正好公子宋和公子归生进宫来了，二人不禁哈哈而笑，郑灵公询问他们笑什么，公子归生说，每次公子宋的食指开始动的时候，就预兆他会美餐一顿，刚才公子宋进来的时候食指就一直动个不停，果然国君您正在煮大鼋呢。

郑文公
↓
郑穆公（兰）
↓
郑灵公（夷）
↓
郑襄公

● 《左传》宣公四年：

楚人献鼋（yuán）于郑灵公。公子宋与子家将见。子公之食指动，以示子家，曰："他日我如此，必尝异味。"及入，宰夫将解鼋，相视而笑。公问之，子家以告。及食大夫鼋，召子公而弗与也。子公怒，染指于鼎，尝之而出。

结果郑灵公把鳖分给大夫们享用的时候，就专门不分给公子宋，就是要让公子宋的食指失灵一回。公子宋大怒，于是直接跑到煮鳖的鼎前，"染指于鼎"，即把手指头伸进鼎里，蘸了羹汤，品尝了之后才出去，心想，想让我的食指失灵，我偏不让它失灵。郑灵公也大怒，要杀了公子宋。公子宋去找公子归生谋划，后来公子归生就杀掉了郑灵公。这件事，《春秋》记载为：

郑公子归生弑其君夷。

● 《春秋》宣公四年：
　郑公子归生弑其君夷。

● 《左传》宣公四年：
　书曰"郑公子归生弑其君夷"，权不足也。君子曰："仁而不武，无能达也。"凡弑君，称君，君无道也；称臣，臣之罪也。"

《左传》解释说，《春秋》中记载弑君，如果像这样记下了国君的名字，就说明这个国君无道；又记下这个臣子的名字，就说明也是这个臣子的罪过。这么说来，从《春秋》这句话的记载来看，郑国这君臣二人都不是什么好人。

公子宋是郑国的公族，也是国君这一族的，他敢染指于鼎，敢谋杀郑灵公，可见郑国的公族势力十分强盛。所以郑灵公死后，郑穆公的另一儿子郑襄公即位后，就要打击公族势力，要把郑穆公的其他十来个儿子，《左传》中称之为"穆氏"，也就是郑襄公的其他兄弟们都赶走，只留下他们之中曾让位给自己的子良。但子良不同意，他说要赶走就都赶走，怎么能单独留下我呢？认为这些兄弟们应该都留下来。没有办法，郑襄公只好又全部赦免这些兄弟，并让他们都做了大夫。后来他的这些兄弟当中，有七支势力发展得最为强大，被称为"七穆"，在郑国轮流执政。

● 《左传》宣公四年：
　襄公将去穆氏，而舍子良。子良不可，曰："穆氏宜存，则固愿也。若将亡之，则亦皆亡，去疾何为？"乃舍之，皆为大夫。

郑国想驱逐公族群公子，但最终没能成功；晋国成功地驱逐了群公子，但没有了强大的公族势力后，权力又落在了各个卿的手里。作为一个国君，在委重任于臣下时，到底是依靠跟自己同一血缘的公族，还是依靠公族之外的卿大夫，这是一个问题。正像此前晋国赵盾所预言的那样，楚国国内一支强大的公族势力若敖氏对楚庄王的威胁，这时也降临了。

楚庄称霸（三）

在楚国的公族中，若敖氏是势力最强大的一支。若敖氏是楚国国君若敖的后代，晋、楚城濮之战中兵败自杀的楚军统帅子玉，就是若敖氏中的一员，但这一族中最有名的还是令尹子文，子文也是这一族中第一个担任令尹的人。楚国的令尹这一官职，执掌着全国的政事，几乎全由楚国国君公族的人担任，不授予外姓。

令尹子文的身世也很神奇。《左传》记载他的父亲斗伯比随其母在䢵国期间，和䢵国国君的女儿私通，生下了子文。䢵国夫人把子文丢弃在云梦泽里，竟然有老虎来给他喂奶，䢵国国君打猎时看到这个场面，心中害怕，回来听夫人一说才知道那是女儿的私生子，于是派人把子文抱回来收养，并将女儿也嫁给了斗伯比。楚国人把奶叫作"穀"，把老虎叫作"於菟"，于是这个孩子被取名叫"穀於菟"，他就是令尹子文，也叫斗穀於菟。

子文有一个弟弟叫子良，是楚国的司马，生了一个儿子叫子越椒。子越是字，椒是名。子越椒也就是前面曾领兵驻扎在郑国要与晋国作战的斗椒，斗为其氏。子文对子良说："你一定要杀了子越椒，你这个儿子，样子

● 《左传》宣公四年：

初，若敖娶于䢵，生斗伯比。若敖卒，从其母畜于䢵，淫于䢵子之女，生子文焉。䢵夫人使弃诸梦中。虎乳之。䢵子田，见之，惧而归。以告，遂使收之。楚人谓乳"穀"，谓虎"於菟"，故命之曰斗穀於菟。以其女妻伯比。实为令尹子文。

像熊虎，声音像豺狼。若不杀他，若敖氏一定会因他而灭。俗语说：'狼子野心。'你这儿子就是一匹狼，哪能养着他！"

子良没同意。子文忧心忡忡，在临死的时候，把他的族人都召集来，对他们说："将来一旦斗椒这个人执政，你们就赶紧离开吧，不要惹上杀身之祸。"子文还哭着说："如果鬼也要吃东西的话，若敖氏的祖先们以后就都要挨饿了！"意思是若敖氏将会灭绝，不再有子孙为祖先祭祀、上供品了。

子文死了以后，他的儿子斗班也做了令尹，而斗椒做了司马。芳贾为了斗椒，就向楚庄王说斗班的坏话，楚庄王杀了斗班，让斗椒做了令尹，芳贾自己则当上了司马。但斗椒不但不感谢芳贾，后来反而很厌恶芳贾，于是带着若敖氏一族包围并杀死了芳贾，并且带着人又去攻杀楚庄王。

楚庄王把三代楚国国君的子孙们都扣押起来作人质，想迫使斗椒屈服，但斗椒不为所动。没有办法，楚庄王只好亲自带着军队与若敖氏开战。作战中，斗椒一箭射向楚庄王，这一支箭力道强劲而且箭镞锋利，飞过楚庄王的车辕，穿过车上的鼓架，射在了铜钲上。楚庄王车上之所以有鼓和钲，是因为古代是用这两样东西来指挥作战的，擂鼓是让士兵前进，击钲则让士兵稍息。紧接着，斗椒的第二支箭又射了过来，这支箭飞过车辕，透穿了车盖。楚庄王的士兵们大为恐惧，开始退却。斗椒的这两支箭，确实让人胆战心惊。

一见这个场面，楚庄王赶紧派人在军队中四处大声呼喊："我们先君楚文王当初攻克息国，得到了三支利箭，斗椒偷去了两支，现在他已经把这两支箭都用光了！"这是要让大家镇定下来，不要惊慌。之后楚庄王擂

● 《左传》宣公四年：

……将攻王。王以三王之子为质焉，弗受。师于漳澨。秋七月戊戌，楚子与若敖氏战于皋浒。伯棼射王，汰辀，及鼓跗，著于丁宁。又射，汰辀，以贯笠毂。师惧，退。王使巡师曰："吾先君文王克息，获三矢焉，伯棼窃其二，尽于是矣。"鼓而进之，遂灭若敖氏。

● 《左传》宣公四年：

其孙箴尹克黄使于齐，还，及宋，闻乱。其人曰："不可以入矣。"箴尹曰："弃君之命，独谁受之？君，天也，天可逃乎？"遂归，复命，而自拘于司败。王思子文之治楚国也，曰："子文无后，何以劝善？"使复其所，改命曰生。

鼓进军，消灭了若敖氏。

这期间，子文的孙子克黄正出使齐国，返回路经宋国时，听说了楚庄王灭若敖氏，下面的人劝克黄不要回楚国，克黄说："我接受了国君的命令而出使，如果不回国向国君复命，抛弃了国君之命，谁还敢接纳我呢？国君，就是上天，上天难道是可以逃避的吗？"于是就回到了楚国，复命后自己跑到法官那里请求囚禁。楚庄王想起子文治理楚国的功绩，于是说："子文如果没有了后代，以后还怎么劝人为善呢？"便没有杀克黄，还让他官复原职。

平定了若敖氏的内乱之后，这一年冬天，楚庄王又攻打郑国，因为此前郑国投靠了晋国。实际上，此后楚国年年都攻打郑国，一直打到郑国再投靠到楚国这边来。不过郑国一投向楚国，晋国也开始攻打郑国，也一直打到郑国再屈服于晋国为止。甚至到了后来，郑国两边都不敢得罪，既服从晋，又同时服从楚。处在晋、楚两个大国之间的郑国，可真是吃尽了苦头。

对于郑国的这种为难处境，郑国此前就曾给晋国的赵盾专门写过一封信大吐苦水，信中说"小国之事大国也，德，则其人也；不德，则其鹿也"，郑国"居大国之间，而从于强令，岂其罪也"。意思是，小国事奉大国，如果大国对小国是以德相待，那么小国就会像人一样恭顺；如果大国不是以德相待，那么小国就会像情急之中的鹿一样，狂奔走险，急不择路了。郑国处在晋、楚两个大国之间，只好傍大国，谁强就服从谁，这哪里是郑国的过错呢？可见，楚、晋两国争霸，可苦了中间地带的郑国。郑国的子良后来总结郑国的对策，说：

● 《左传》宣公十一年：

十一年春，楚子伐郑，及栎。子良曰："晋、楚不务德而兵争，与其来者可也。晋、楚无信，我焉得有信？"乃从楚。

晋、楚不务德而兵争，与其来者可也。

意思是你们晋、楚两国不致力于德行，动不动就武力争斗，老让我们受苦，我们郑国也就不管了，反正谁打到郑国来，我们就投向谁。

清代专门研究《春秋》的学者顾栋高，对郑国的情形做了这样一个总结，说郑国："明事势，识利害，常首鼠晋、楚两大国之间，视其强弱以为向背，贪利若鹜，弃信如土。故当天下无伯则先叛，天下有伯则后服。……每间伯主之有事，则侵伐小国以自益。昼伏夜行，窃食盆盎，常惧人觉者，郑之谓也。然亦因此得保其国，常倔强于诸侯间。以中国四战之地，迭受晋、楚之侵伐，而能国威不挫，民力不疲。虽当晋、楚之伯已衰，犹能与宋相斗争者，盖亦地势使然。……窃尝以春秋列国之情形譬之，秦、楚如虎狼，郑如黠鼠，宋如猘犬。"说秦、楚像凶狠的虎狼，郑国像狡猾的老鼠，宋国像发狂的疯狗。

不过，和郑国一样处于尴尬境地，艰难地在晋、楚两个大国之间斡旋的，还有陈国。陈国依附于楚，会遭到晋的攻伐；陈与晋国结盟，接下来又会遭到楚国的攻打。这期间，陈国的国君是陈灵公。这位陈灵公有个性，他和孔宁、仪行父这两位大夫一起与夏姬通奸，夏姬是另一位大夫御叔的妻子，她的儿子名叫夏徵舒。不过，据新发现的战国简《系年》的记载，夏徵舒其实是夏姬的丈夫。

陈灵公和这两位大夫，三个人都把夏姬的内衣贴身穿着，并在朝廷上相互开玩笑。有臣下劝谏陈灵公，说国君公开这么做有损名誉，劝国君还是把那件内衣收起来。陈灵公当面答应了，背后却把这事告诉了孔宁和仪行父这两个人，这两个人请求杀死那位劝谏的臣子，陈灵公不加禁止，就让他们去杀了。《诗经·陈风》中有一首诗《株林》，据说就是讽刺陈灵公的淫乱：

株林

胡为乎株林从夏南？

匪适株林从夏南。

驾我乘马，说于株野。

乘我乘驹，朝食于株。

● 《左传》宣公十年：

陈灵公与孔宁、仪行父饮酒于夏氏。公谓行父曰："徵舒似女。"对曰："亦似君。"徵舒病之。公出，自其厩射而杀之。二子奔楚。

● 《春秋》宣公十一年：

丁亥，楚子入陈。纳公孙宁、仪行父于陈。

● 《左传》宣公十一年：

故书曰："楚子入陈，纳公孙宁、仪行父于陈。"书有礼也。

《诗》中的夏南即夏徵舒，株为其封邑。不久，陈灵公和孔宁、仪行父三人在夏姬家里饮酒，喝酒中陈灵公对仪行父说："夏徵舒长得像你啊！"仪行父说："哪里哪里，也很像国君您呢！"夏姬的儿子夏徵舒这下再也忍不住了：你们侮辱我的母亲，还这样侮辱我！于是等陈灵公出去的时候，夏徵舒躲在马房里用箭射死了陈灵公。孔宁、仪行父逃亡到楚国。

夏徵舒就自己做了陈国国君。这给了楚国一个很好的借口，于是随即伐陈，并对陈国人说："大家不要惊慌，我们是来讨伐夏徵舒的。"这样楚国军队就进入了陈国，杀死了夏徵舒，并把陈变成了楚国的一个县。借讨伐夏徵舒之名，楚国实际上是趁此灭掉了陈国。

楚庄王很得意，大家都向他庆贺，只有从齐国出使回来的申叔时没向他庆贺。楚庄王便派人去加以责怪，说："夏徵舒无道，杀了他的国君，寡人带着诸侯去征讨并诛灭了他，诸侯、大夫们都来庆贺寡人，却唯独你不来庆贺寡人，可以给个理由吗？"申叔时回答说："我可以解释一下吗？"楚庄王说："可以！"

申叔时回答说："夏徵舒杀死了他的国君，他的罪确实很大；您去讨伐并诛灭了他，这也确实是君王您应当做的。不过人们也说了，有人牵牛践踏了你的田，你就把他的牛夺走，这就不对了。牵牛践踏你田的人确实不对，但你因此夺走他的牛，这个惩罚也就太重了。大家跟随着您，说是讨伐有罪的人，结果现在您却把陈国占为己有，变成楚国的一个县，这也就是贪婪的行为了。用讨罪做号召，却以贪婪来结束，恐怕不可以吧？"楚庄王说："好啊好啊，此前就是没有人告诉我这些啊！那就把陈国还回去，这下可以了吧？"

于是楚庄王又重新封立陈国，被灭掉的陈国又复国了。楚庄王此举，确实有霸主风范，所谓兴灭国，继绝世。《史记》记载说孔子读史书，读到楚国让陈国复国时，也忍不住赞叹道："贤哉楚庄王！轻千乘之国而重一言。"意思是把千乘的大国都看得很轻，却看重贤人一句有道理的话。

《左传》也称赞楚庄王此举是"有礼也"。这正好和楚庄王的祖父楚成王形成了对比，当初楚成王出兵救郑国，曾得意扬扬地向郑国国君的两位夫人展示楚国俘获和杀死的宋国士兵，并大收郑国的礼物，临走还带走了两名郑国女子，《左传》批评楚成王是"非礼也"。

楚庄王入陈又复陈，为自己赢得了名誉。第二年，楚国又率军包围了郑国，这是因为郑国刚与楚国结盟，随即又服从了晋国。这次攻郑，楚国军队一直把郑国包围了十七天。郑国人为求和而进行占卜，结果是求和不吉利；郑国人又为在太庙号哭并号召街巷出车作战而占卜，结果是吉利。城里的人们都在太庙大哭，守城的将士们也在城上大哭。

楚庄王于是下令军队后退，以示尊重。郑国人开始修筑城墙。然后楚国又进军再次包围郑国，三个月之后，楚军攻克了郑国国都，长驱直入，一直到了国都的通衢大道上。和今天中国大部分的城市一样，郑国的国都也

● 《左传》宣公十二年：

十二年春，楚子围郑，旬有七日。郑人卜行成，不吉；卜临于大宫，且巷出车，吉。国人大临，守陴者皆哭。楚子退师。郑人修城。进复围之，三月，克之。入自皇门，至于逵路。郑伯肉袒牵羊以逆，曰："孤不天，不能事君，使君怀怒以及敝邑，孤之罪也，敢不唯命是听？其俘诸江南，以实海滨，亦唯命；其翦以赐诸侯，使臣妾之，亦唯命。若惠顾前好，徼福于厉、宣、桓、武，不泯其社稷，使改事君，夷于九县，君之惠也，孤之愿也，非所敢望也。敢布腹心，君实图之。"左右曰："不可许也，得国无赦。"王曰："其君能下人，必能信用其民矣，庸可几乎？"退三十里而许之平。

有一条很宽的主干道,叫"大逵"或者"逵路",就像今天北京的长安街、成都的人民南路。只见郑国的国君郑襄公光着膀子、牵着羊正在这里迎接楚庄王。光着膀子、牵着羊,这是当时战败国国君去见战胜者表示臣服的一种仪式。

郑襄公说:"孤不能承奉上天之意,没能事奉君王您,使君王您怒气冲冲地来到敝邑,这是孤的罪过。从此以后,孤哪敢不唯命是从?要把我抓到江南,放在海边,我也唯命是从;要灭亡郑国,把郑国的土地分给诸侯们,让郑国人都作臣妾,我也唯命是从。万一君王还顾念我们两国从前的旧谊而不灭绝郑国,或许可以允许郑国事奉君王,把郑国变成楚国的一个县。这样做,是您给予的莫大恩惠,也是我心里愿意的,却是我所不敢指望的了。以上这些都是我的真心话,希望君王考虑。"

楚庄王左右的人都说:"不能答应他,得到了的国家就别赦免它了。"也是,楚国将士前前后后打了好几个月,这才攻下郑国,得之不易啊!再说,吃到嘴里的肥肉,难道还要吐出去吗?楚庄王却说:"他们的国君能这样甘居人下,必然能够取信和驱使他的人民,郑国尚有希望,不是一下子就能灭了的。"于是楚国退兵三十里,允许郑国媾和。楚国派人到郑国去结盟,郑国则把子良派到楚国做人质。

按照以往的惯例,一旦楚国攻打郑国,晋国基本都会来救郑国。这次晋国也来救郑国,由荀林父做主帅,晋国的上军、中军、下军三军一起来救,但是晋国人的脚步太慢了,军队才走到黄河边,郑国已经被攻克并与楚国媾和的消息就传过来了。荀林父是这次晋国中军的统帅,在三军之中地位最高,以前的中军统帅还曾由晋国国君来担任呢。荀林父这次是晋国军队的总指挥,一

● 《左传》宣公十二年：

随武子曰："善。会闻用师，观衅而动。德、刑、政、事、典、礼不易，不可敌也，不为是征。楚君讨郑，怒其贰而哀其卑。叛而伐之，服而舍之，德、刑成矣。伐叛，刑也；柔服，德也。二者立矣。昔岁入陈，今兹入郑，民不罢劳，君无怨讟，政有经矣。荆尸而举，商、农、工、贾不败其业，而卒乘辑睦，事不奸矣。蒍敖为宰，择楚国之令典，军行，右辕，左追蓐，前茅虑无，中权，后劲。百官象物而动，军政不戒而备，能用典矣。其君之举也，内姓选于亲，外姓选于旧；举不失德，赏不失劳；老有加惠，旅有施舍。君子小人，物有服章。贵有常尊，贱有等威，礼不逆矣。德立、刑行，政成、事时、典从、礼顺，若之何敌之？见可而进，知难而退，军之善政也。兼弱攻昧，武之善经也。子姑整军而经武乎！犹有弱而昧者，何必楚？"

见没能救到郑国，就想带着军队回撤了，理由是："既然没有赶上救郑国，再劳师动众还有什么用呢？不如等到楚军离开以后我们再去攻打郑国，也不算晚。"

上军统帅士会也表示赞同，士会说："这样好。我听说用兵之道，就是要伺机而动，要等敌人出现了漏洞再去打他。如果一个国家在德、刑、政、事、典、礼这些方面都无懈可击，那就不要去打它。郑国国君三心二意两边倒，楚国发怒去打它，这是刑行（刑罚得到了施行）；一旦郑国屈服，楚国又赦免了它，这是德立（德行得到了树立）。你看楚国去年攻入陈国，今年攻入郑国，百姓既不疲惫，君主也不被人埋怨，这是政成（政事上很有成就）。楚国农、工、商、贾欣欣向荣，步兵、车兵和睦相处，这是事时（在事务上各司其业，相互配合）。再加上有孙叔敖在楚国做相，在政治上推行好的法典，在军事上左军、右军、前军、后军、中军彼此照顾相互呼应，军政也有条不紊，这是典从（各种典则得到了执行）。楚国国君选拔时不遗漏有德行的人，赏赐时不遗漏有功劳的人，对老人多加照顾，对旅客常有馈赠，君子小人，各有贵贱等级，这是礼顺（在礼仪上很顺当）。德立、刑行、政成、事时、典从、礼顺，楚国都做到了，我们怎么能打得过？见可而进，知难而退，这是治军的上策。兼并弱小的，攻打昏昧的，这是用兵的高招。弱小而昏昧的国家还有的是，为什么非要打楚国呢？"晋国士会的这一大段话，实际上为我们总结出了楚庄称霸的原因。此时的楚国，已非昔比，不仅强盛，而且在德、刑、政、事、典、礼等方面也赢得了大国之臣的赞誉。

士会对楚国的这种看法，可以说在晋国国内是有代表性的，代表着相当一部分人对楚国的观点，我们姑且把这一派叫作"避战派"。所以我们看到，在此前相当长的一段时间内，晋、楚之间虽然有冲突，但二国的争锋，主要是通过对郑、宋、卫这些与国的争夺而间接展开，晋、楚之间的直接交战比较少，而且规模也不大。很多时候，晋国都是主动退避。自城濮之战以后，晋、楚之间还没有发生大规模战争。

但是，晋国同时也存在着力主与楚国作战的声音，姑且把这些人称为"主战派"吧。这次晋国军队中的中军副统帅先縠，也就是荀林父的副手，就是主战派。这位先縠，因为封在彘，也叫彘子，他是先轸的后代，他的父、祖先辈确实都为晋国出了不少力。这位彘子极力反对晋军这个时候回撤，他说："不可撤军。晋国之所以能称霸诸侯，是由于军队勇敢、臣下尽力。现在如果因为我们不战而失去了诸侯，作为臣子的我们就说不上是尽力了；有了敌人而不去迎战，这样的军队也说不上是勇敢了。如果到了我们这一代让晋国丢掉了霸主的地位，那还不如死去算了！而且整顿好军队出来作战，一听说敌人强大就跑，这也不是大丈夫的行为。大家都被任命为统帅，结果却要做胆小鬼，要做你们去做，我是坚决不做的！"说完，彘子先生竟然率领着自己统领的那一部分中军部队渡过黄河去和楚军作战。

至此，我们看到，晋军统帅内部出现了分歧。有人主张退兵，有人却力主与楚国作战。对于晋国来说，战还是不战，这是一个问题。荀林父的弟弟荀首是下军大夫，把这一切看在眼里，他说："彘子的这部分军队恐怕要遭殃。出师必须要有号令，若反其道而行之，必然大凶。不听主帅的命令就出师，一遇敌人，必然失败。这次失败，彘子是罪魁祸首。即便他这次免于战死，以后也会有大祸。"

在这种情况下，打还是不打，作为一军之主，荀林

● 《左传》宣公十二年：

彘子曰："不可。晋所以霸，师武、臣力也。今失诸侯，不可谓力；有敌而不从，不可谓武。由我失霸，不如死。且成师以出，闻敌强而退，非夫也。命为军帅，而卒以非夫，唯群子能，我弗为也。"

● 《左传》宣公十二年：

　　韩献子谓桓子曰："彘子以偏师陷，子罪大矣。子为元帅，师不用命，谁之罪也？失属亡师，为罪已重，不如进也。事之不捷，恶有所分。与其专罪，六人同之，不犹愈乎？"师遂济。

父该做什么样的决策呢？这时，司马韩厥对荀林父说："彘子单独带着军队去，若陷入敌阵，您的罪过就大了。您作为最高统帅，军队不听命令，您想想，这是谁的罪过？既没能救郑国，失去了属国，又丧失了军队，罪过已经太重，不如干脆进军，如果打不赢，大家也可以一起替您分担罪过，这样不还好一点吗？"这个建议，未免掺杂着一些私心。但荀林父又能怎么样呢？只好带着全部军队渡过了黄河。

楚庄称霸（四）

●《左传》宣公十二年：

闻晋师既济，王欲还，嬖人伍参欲战。令尹孙叔敖弗欲，……令尹南辕、反旆，伍参言于王曰："晋之从政者新，未能行令。其佐先縠刚愎不仁，未肯用命。其三帅者，专行不获，听而无上，众谁适从？此行也，晋师必败。"

楚国的军队，原想饮马黄河之后就回国。听到晋国军队已经渡过了黄河，北上的楚庄王也就准备回国了，但他的宠臣伍参却想要作战。楚国的令尹孙叔敖反对作战，说："我们去年攻打了陈国，今年攻打了郑国，又不是没有战争，我们一直在战争中。现在若和晋国打起来，一旦输了，伍参你身上有多少肉可供大家食而解恨？"

伍参说："如果我们打赢了，那就说明孙叔你其实没有什么谋略；如果打输了，我的肉将在晋国士兵那里，你哪里吃得上呢？"结果孙叔敖"南辕、反旆"，即车头掉向南，军中大旗也掉转方向。晋国的军队在北边，若要作战的话应该是车头向北才对。孙叔敖的意思是，我要回去了，你自己看着办吧。看来，楚国内部对于是否同晋国交战，意见也不统一。

那么，伍参非要与晋国作战，他的理由又是什么呢？

伍参对楚庄王说："第一，晋军的统帅荀林父新上任，还不能让所有的人都听从他的命令。第二，荀林父的副手先縠刚愎自用，不听主帅指挥。第三，晋军三军的统帅,都想独断专行却又办不到,想要听从命令却又没有权威的上级。晋国的大军到底听谁的呢?所以,这次晋军一定会失败。而且我们是国君做主帅,晋国是臣子做主帅,如果退兵那就是国君逃避臣子,以后还怎么管理国家?"伍参把这次晋国军队的弱点看得很清楚,他的这番话确实也很有道理。这番话让楚庄王也受不了,于是命令尹孙叔敖把战车又掉头向北,驻扎在管(今河南郑州市)这个地方等待。

这时,郑国派使者来到了晋国军队,说:"郑国之所以屈从于楚国,是为了保存国家才如此,对晋国并没有三心二意。现在楚军屡次胜利很骄傲,而且长期在外已经气衰了,也没有什么防备。如果晋国军队攻击他们,我们郑国的军队也来作为后继,楚军一定会失败。"先縠高兴地说:"好!打败楚国、降服郑国,就在此一举了,一定要答应郑国的请求!"

晋国下军的副统帅栾书却不同意,他反驳说:"楚国自战胜庸国以来,他们的国君一直都兢兢业业、谨慎戒惧,因此不能说他们已经骄傲;我们的先大夫子犯说过,出兵作战,理直就是气壮,理曲就是气衰,这次是我们不占理而楚国占理,这就不能说楚军是气衰;他们国君的战车分为左、右两广,每广都有三十辆战车,两广轮流值班,交替戍卫,楚君的左右近臣在夜里也依次轮换,以防不测,这就不能说楚军没有防备。郑国与楚国已经结盟,郑国的子良也到楚国去做了人质,楚、郑的关系现在是很亲密的。郑国现在来劝我们作战,我们赢了他就来我们这一方,我们输了他就去楚国那一方,他这是拿我们的胜负来做决断。郑国人的话是不能听从的。"也就是说,郑国善于首鼠两端,不值得信任。

赵盾的三个异母兄弟赵括、赵婴齐、赵同在这次的晋国军队中担任大夫，其中赵括、赵同也主张作战，说："我们带着军队来，就是和敌人作战的。打败楚国得到郑国，还等什么呢？我们跟随彘子！"荀首却说："这两个人的话，是取祸之道。"赵盾的儿子赵朔，是这次晋国的下军统帅，他不敢直接得罪赵括、赵同这两位叔叔，就说栾书很好，照栾书说的做，晋国才能长久。

让我们在这里梳理一下晋国两派各自的人物。避战派是总指挥荀林父和士会、栾书、赵朔，主战派是先縠、赵括、赵同。有意思的是，这次晋国军队中同是赵氏家族的人，也意见不同分成了两派。

这时，楚国的少宰来到晋军中，说："寡君年轻时遭遇不幸，不善言辞。寡君如今和先君一样之所以在这条路上往返，只是为了教导和安定郑国，哪里敢得罪晋国！您几位在这边也不用待太长时间。"士会回答说："以前周平王命令我们的先君晋文侯说：'请与郑国一起辅佐周王室，不要废弃天子的命令。'现在郑国不遵循天子的命令，所以国君让我们这些下臣来质问郑国，不想惊动了您。谢谢你们君王的问候。"意思是，我们晋国与郑国之间的事，与你楚国无关。这一来一往，都是很漂亮的外交辞令。

先縠却认为，这样回答楚国，显得低声下气，太讨好楚国了，于是就派赵括跟了出去更正说："不好意思，刚才我们那位接待人不会说话，言辞有所不当。其实吧，我们国君是派我们臣下来把贵国的脚从这片土地上挪走，还下令说：'不要躲避敌人！'我们这些臣子是没法不遵循命令的！"这样子说，简直就是赤裸裸的挑战了。

不过，楚庄王还是派使者来向晋军求和，晋国人也同意了，双方甚至约好了结盟的日期。这时，有楚国的单车到晋军挑战，挑战的这辆战车，驾车的是许伯，拿

● 《左传》宣公十二年：
    彘子以为谄，使赵括从而更之，曰："行人失辞。寡君使群臣迁大国之迹于郑，曰：'无辟敌！'群臣无所逃命。"

● 《左传》宣公十二年：

楚许伯御乐伯，摄叔为右，以致晋师。许伯曰："吾闻致师者，御靡旌摩垒而还。"乐伯曰："吾闻致师者，左射以菆（zōu），代御执辔，御下，两马、掉鞅而还。"摄叔曰："吾闻致师者，右入垒，折馘、执俘而还。"皆行其所闻而复。

着戈、盾站在右边做车右的是摄叔，拿着弓、箭站在左边的车左是乐伯。驾车的许伯说："我听说单车挑战是这样：驾车的把车驾得飞快，让旗子都倒了下来，再逼近敌人的营垒，然后回来。"车左弓箭手乐伯说："我听说单车挑战是这样：车左用利箭射敌，拿过马缰绳替驾车的拿着，让驾车的下车，刷一刷马毛上的尘土，理一理马脖子上的皮带，然后回来。"这是要表明弓箭手无人敢近！车右摄叔说："我听说单车挑战是这样：车右进入敌营，把敌人杀死一个，再活捉一个，然后回来。"这是要表明车右勇猛，无人能敌！

结果这个三人组果然超具战斗力，三个人都按自己听说的那样做到了，但也遭到了晋国人的追赶。眼见晋国人分成左右两角夹击过来，弓箭手乐伯左边射马，右边射人，使得晋军两角不能前进。最后，箭只剩下了一支，这时有麋鹿出现在前方，乐伯一箭射去，这箭从麋鹿的背上而入，直达腋下，正是古代善射者的最高手法。

此时晋国的鲍癸已经追来了，乐伯就让摄叔拿着麋鹿献给鲍癸，摄叔说："由于现在还不当季，该献的禽兽还没出现，就暂且把它献给您的随从做膳食吧。"鲍癸便阻止部下不再追赶，说："他们的车左精于射箭，车右善于辞令，都是君子。"因此，楚军这个"单挑三人组"全部平安返回。

晋国的魏锜因为没有当上公族大夫而心怀愤怒，希望晋军这次吃败仗。这时他也请求往楚军单车挑战，但没被允许，于是又请求出使到楚军去，就让他去了。晋军中还有一个人也心怀不满，他就是赵穿的儿子赵旃。赵穿就是做了国君女婿、杀死晋灵公的那位，是赵盾的堂兄弟。也就是说，赵盾有三个异母兄弟，一个儿

● 《左传》宣公十二年：

郤献子曰："二憾往矣，弗备，必败。"彘子曰："郑人劝战，弗敢从也。楚人求成，弗能好也。师无成命，多备何为？"士季曰："备之善。若二子怒楚，楚人乘我，丧师无日矣。不如备之。楚之无恶，除备而盟，何损于好？若以恶来，有备，不败。且虽诸侯相见，军卫不彻，警也。"彘子不可。

子，一个侄子，都在这次晋国军队中任职，晋国军队都快成赵家军了。赵氏家族在晋国的强盛，由此可见一斑。这位赵旃心怀不满，是因为他没有做成卿，对放跑了楚国单车挑战的人也很生气，于是请求领兵交战，也没有得到允许，他又请求去召请楚国人来结盟，就让他去了。

魏锜、赵旃受命而去之后，上军的副统帅郤克——他是郤缺的儿子，也即上军统帅士会的副手——说："这两个心怀不满的人去了，肯定会挑起事端。我们若不加防备，必然失败。"先縠说："郑国人劝我们作战，你们没有听从；楚国人求和，你们也没搞成。领兵的都没有固定的主意，多加防备有什么用？"显然，这是批评这次晋军的主帅荀林父犹豫不决，拿不定主意，失去了主张。带兵作战，必须要果敢。

士会说："还是防备为好。如果这两个人激怒了楚国，楚国乘机攻袭过来，我们立刻就会损失人马。有了防备，如果楚国人没有恶意要和我们结盟，那我们解除戒备就是了；如果楚国人带着恶意来图谋不轨，我们有了防备也不会失败。就是诸侯们平时相见，护卫部队也都不会撤除，这都是为了警戒啊。"但先縠不听。士会就只好派人带着上军埋伏在山间做防备。士会是上军的统帅。

魏锜说是出使，其实是要去作战。他到了楚军，果然请战，结果遭到楚国潘党军队的追击，魏锜也学习楚国人那一套，看到有六只麋鹿，就射了一只去献给潘党说："您成天忙于军事，恐怕好久没有尝过鲜了吧？谨以此奉献给您的随从。"于是潘党就让魏锜逃走了。而这边赵旃到了楚军，也被楚庄王带着左广打得大败，赵旃本人被打得钻进了树林，丢盔弃甲。

● 《左传》宣公十二年：

楚人亦惧王之入晋军也，遂出陈。孙叔曰："进之！宁我薄人，无人薄我。《诗》云'元戎十乘，以先启行'，先人也。《军志》曰'先人有夺人之心'，薄之也。"遂疾进师，车驰卒奔，乘晋军。桓子不知所为，鼓于军中曰："先济者有赏！"中军、下军争舟，舟中之指可掬也。

晋国人担心这两人去了会惹事，所以派出了驻守的战车去迎接他们。潘党一见晋军方面尘土飞扬，就派战车飞驰回去报告说："晋国的军队来了！"楚国人担心楚庄王陷入晋军，所以也马上全线列阵而出。令尹孙叔敖说："往前冲！宁可我们逼近敌人，不能让敌人逼近我们！占了先机，就会夺去敌人的斗志！往前冲啊！"于是楚军将士个个士气高涨，战车、步兵一拥而上，犹如溃堤之后的大水，向晋军席卷而去。

顿时晋军主帅荀林父不知所措，慌忙在军中擂鼓说："快渡河，先渡过去的有赏！"荀林父竟然公然鼓励大家渡河逃跑，也许是他认为晋军已面临全军覆灭的危险，所以鼓励大家尽量生还，尚可保存力量。这下，晋国中军、下军都争着上船渡河而逃，因为有太多的人攀着船舷，船中的人就用刀砍断攀着船舷的人的手指，《左传》说"舟中之指可掬"，意思是船中的断指多得可以用手捧。

楚军继续追击晋国溃败的中军、下军。战斗中，赵旃把他自己战车上的两匹好马解下，换在他兄长和叔父的车上帮助他们逃跑，自己用另外的马驾车后撤，被楚军围住脱离不开，赵旃只好弃车往树林里逃。这时，晋国的逢大夫和他两个儿子同乘在一辆战车上，逢大夫让他两个儿子别回头看，但他们却回了头，于是看见了赵旃，说："赵老头儿在后面。"逢大夫大怒，让他两个儿子下车，指着旁边的树说："我以后在这里给你们收尸！"于是把绳子抛给赵旃让他上车，赵旃被救了。第二天，逢大夫来收尸，果然在那棵树下找到了两个儿子叠在一起的尸体。可怜天下父母心！没有办法，既然看见了上级，只好优先救他。

遭受苦难的父亲不仅仅是逢大夫一个人，晋国下军大夫荀首的儿子知罃也被楚国人俘获了，为救自己的儿子，荀首带着自己的部属又杀了回来，魏锜替他驾着战车，下军的士兵也大多跟了回来。荀首每次抽箭发射，一看抽出的若是利箭，就把利箭放在魏锜背上的箭袋里留着。魏锜生气地说："这是救你儿子啊，你还这么舍不得用！"荀首说："我若得不到别人的儿子，又怎么能得到我的儿子？我不能随便浪费这些利箭啊。"

魏锜误解了荀首。荀首要留着这些利箭，其实是要保证在关键时候派上用场。果然，这些利箭都派上了用场：荀首射死了楚国的连尹襄老，并把襄老的尸体载在车上；又射中了楚庄王的儿子公子榖臣，并俘获了他。荀首有了这两个收获，这才回去了，并最终用这二人换回了自己的儿子。

不过，这次战争也并不全是血腥。《左传》还记载说，晋国人有战车陷在坑里走不了，楚国人来了，就教他们把战车前面的横木抽去来解决问题；不料没走多远，晋国人战车的马又盘旋不前进了，楚国人又教他们把车上的大旗拔掉，把车轭扔掉，这样不就可以往前跑了吗？晋国人这才顺利走了，走也就走了，还回头扔了一句："我们不像有些大国的人那样屡次逃跑有经验嘛！"楚国人是蛮子，真是蛮可爱；而晋国人，就有些不厚道了。

● 《左传》宣公十二年：
及昏，楚师军于邲。晋之余师不能军，宵济，亦终夜有声。

当天黄昏，楚军驻扎在邲，这个地方在今天河南荥阳东北。晋国剩下的士卒溃不成军，晚上渡河，喧哗吵闹的声音，整夜未停。晋国的军队，只有士会统领的上军，由于事先埋伏在山间做了防备，所以没有溃败，但士会也怕孤军被强大的楚军集聚过来包围吃掉，于是下令收兵离去。

这次晋、楚邲之战，《春秋》说"晋师败绩"，也就是说晋国是大败。整个战争过程，在《左传》中的记

● 《左传》宣公十二年：
  楚子曰："非尔所知也。夫文，止戈为武。……夫武，禁暴、戢兵、保大、定功、安民、和众、丰财者也，故使子孙无忘其章。……武有七德，我无一焉，何以示子孙？其为先君宫，告成事而已。武非吾功也。"

● 《左传》宣公十四年：
  楚子闻之，投袂而起，屦及于窒皇，剑及于寝门之外，车及于蒲胥之市。秋九月，楚子围宋。

● 《春秋》宣公十八年：
  甲戌，楚子旅卒。

载，不是像晋、楚城濮之战那样一笔带过，而是用了庞大的篇幅，进行了详尽的描述，让两千多年前的国君、主帅、将领、勇士、父亲，一一活灵活现地展现在我们眼前。

邲之战，楚国大胜晋国，潘党劝楚庄王修筑"京观"以向后世子孙彰显功劳。所谓"京观"，就是在埋葬敌人尸体的地面上修筑的一个建有旗帜用以表功的高台。楚庄王教训潘党说："这你就不懂了。从文字构成上讲，'止戈'为'武'。武有七德，我是一样都不具备，哪能垂示子孙呢！"于是只祭祀了黄河，就回去了。

两年后，楚庄王又率军攻打宋国，这是因为楚国派使者到齐国去，却没有向宋国借道，结果把宋国惹恼了，宋国的华元就杀了楚使。楚庄王闻讯后，立即就要去打宋国。《左传》说楚庄王甩袖而起，人到了前院，侍从才拿着他的鞋子追上递给他；到了宫门之外，才有人追上把剑递给他；到了街市上，驾车的才把车赶来接他。

围宋之役，从这年秋天的九月开始，一直延续到下一年的春天，前后九个月，由于宋国死守，双方都打得相当艰苦。宋国向晋国告急求救，晋国却惧于楚国的锋锐而不敢来救。最后，宋国粮草殆尽，国都内的人易子而食。楚国因久攻不下，一度也想退兵，最后摆出了要打持久战的姿态，宋国才彻底绝望而与楚国媾和。在宋国之后，鲁国也加入楚国的阵营。楚庄霸业，至此告成。

《春秋》鲁宣公十八年（公元前591年）记载："甲戌，楚子旅卒。"也就是说，四年之后，楚庄王死去了，"旅"是楚庄王的名。这也是《春秋》第一次记载楚国国君去世。

两年后，楚与鲁、蔡、许、秦、宋、陈、卫、郑、

● 《春秋》成公二年：

　　丙申，公及楚人、秦人、宋人、陈人、卫人、郑人、齐人、曹人、邾人、薛人、鄫人盟于蜀。

齐等十三国在蜀（今山东泰安西）这个地方会盟，《左传》说这次会盟，"晋辟楚，畏其众也"。楚庄王称霸的余波，至此达到了顶点。

八 吴越争霸

楚庄王死后，晋国为制服强劲对手楚国，采取联合并支持东南的吴国的策略。吴楚开始争霸。楚国为纾解吴国的进逼，采取与晋国相似的策略，与吴国南部的越国联合。吴越开始争霸。吴越争霸之后，中国再也没有霸主出现了。旧的时代，一个君子的时代，至此结束了……

吴王光鉴·铭文

　　吴王光鉴，是一件春秋晚期吴国的青铜器。上面的铭文记录了吴王光（吴王阖庐）为女儿叔姬寺吁出嫁蔡侯而制作青铜鉴作为陪嫁。
　　春秋时期吴楚争霸，为对付楚国，吴国通过政治联姻，与小国蔡国结成抗楚联盟。铭文正是当时政治形势的反映。

吴越争霸（一）

至此，我们以霸主称霸为主线，贯串了大部《左传》。当然，霸主称霸并不是《左传》的全部，却是理解春秋这段历史最重要的主线，无数的国君、大夫、刺客、勇士、阴谋家、复仇者，都随着这一主线而次第显现。在此，套用金庸先生小说中的说法，我们可以把讲述过的这些霸主归结为：东齐西秦，南楚北晋，中郑宋。但是，我们不能把目光仅仅局限于此，在春秋的末期，处在东南的吴越之国，他们的争霸也同样令人瞩目。

吴越地处今中国江苏、浙江一带，这两国的风土人情差不多，但和中原诸国区别很大。史书说他们文身断发，不同华夏：中原人吃小米，他们却吃水稻；中原人用兵车步卒，他们却擅长舟船水战。在中原人的眼里，吴越和楚一样是蛮夷之地，虽然吴越和楚一样也自称为王，但在《左传》中也是把吴越一律贬称为"子"。吴越二国的情况，在相当长的一段时期内，均不见于《春秋》《左传》的记载。就在《春秋》《左传》快要结束的时候，它们终于气势汹汹地闯了进来。

吴越的兴起，仍然要从晋、楚的争霸说起。楚庄王死后，楚国实力依然强大，在此后很长一段时期内一直是晋国的强劲对手，晋与楚之间的争斗成为春秋中期及以后很长一段时期内历史的主线。晋国与楚国直接交锋有胜有败，晋国想凭一己之力在军事上正面打赢楚国并迫使其屈服的策略，看来并不容易成功。对于晋国来说，要想制服楚国，是否还有其他的可能呢？

这时，有人为晋国献了一条妙计。这妙计是什么呢？那就是联合并支持东南的吴国，让吴国从背后去向楚国捅刀子。献这妙计的人是谁呢？他就是楚国的巫臣。申公巫臣本是楚臣，为什么现在反过来帮助晋国呢？这还得从那位迷人的美女夏姬说起。

陈灵公因迷恋夏姬而被夏徵舒杀死，楚庄王于是兴兵攻入陈国杀死了弑君的夏徵舒，但楚庄王似乎也被迷住了，想要娶夏姬，这时巫臣赶紧出来阻止楚庄王，说："您是以讨罪的名义攻下陈国，怎么能贪图女色呢？"楚庄王于是作罢。但楚国的子反又想要夏姬，巫臣也赶紧劝阻说："这个女人是个不祥之人，她前面两任丈夫都因她而短命，现在又让陈灵公身死国灭，并害死了自己的儿子，简直就是祸水。天下的美女多的是，你何必非要她呢？"子反也就作罢。后来，楚庄王把夏姬赐给了连尹襄老，结果这位襄老在晋楚邲之战中被射死了，尸骨都被晋国人夺走了。

连尹襄老死后，他的儿子黑要又勾搭上了夏姬。这时，那位劝别人都别娶夏姬的巫臣，派人去对夏姬说："你回娘家郑国去吧，我来娶你。"又派人去郑国，让郑国召夏姬回去。巫臣同时也劝楚王放夏姬走。于是在巫臣的策划下，夏姬回到了郑国。

巫臣趁着出使齐国的机会，带走了自己的家室和财产，并在出使齐国完毕返回楚国途中经过郑国时，带上

● 《左传》成公二年：

楚之讨陈夏氏也，庄王欲纳夏姬。申公巫臣曰："不可。君召诸侯，以讨罪也；今纳夏姬，贪其色也。贪色为淫，淫为大罚。……君其图之！"王乃止。子反欲取之，巫臣曰："是不祥人也。是夭子蛮，杀御叔，弑灵侯，戮夏南，出孔、仪，丧陈国，何不祥如是？人生实难，其有不获死乎？天下多美妇人，何必是？"子反乃止。王以予连尹襄老。襄老死于邲，不获其尸。

夏姬，逃到了晋国。晋国让巫臣做了邢这个地方的大夫。根据《左传》的记载，巫臣是处心积虑最终才得到了这位美人，并成功移民他国。不过根据新发现的战国简《系年》的记载，其实是楚王灭陈后本来要将夏姬赐给巫臣，夏姬却被襄老父子霸占，后来又被子反垂涎，但最终巫臣还是得到了夏姬。给许多人都带来了灾祸的这位夏姬，是否也会给巫臣带来灾祸呢？

对此事感到无比气愤也许还带着无比后悔的，是楚国的子反。子反想让楚国重重贿赂晋国，让晋国永不录用巫臣，但这时即位刚两年的楚共王表现得很大度，制止了子反。楚共王说，巫臣虽然在为自己谋划的时候做得有些过头，但以前在为先代君主谋划的时候还算得上是忠。如果他对晋国有用，我们即便贿赂晋国，晋国也是要用他的；若他对晋国无用，那么晋国也会抛弃他，用不着我们插手。

五年后，也就是鲁成公七年（公元前584年），由于新仇旧怨，子反还是和子重一起灭绝了巫臣在楚国的这一族，还杀死了与夏姬有染的黑要，瓜分了这些人的家产。似乎和夏姬有染的每一个人，最终都遭受了灾祸。在晋国的巫臣大怒，写信给子反、子重说："你们这样邪恶贪婪、滥杀无辜，我一定要让你们疲于奔命一直到死！"巫臣联合、支持吴国去攻打楚国的策略，就在这样的背景下产生了。

吴国此前一直不见于《春秋》的记载。在《左传》中，此前也仅在鲁宣公八年（公元前601年）简略地提到楚庄王曾与吴、越会盟。这个远在东南方的吴国，据《史记》记载，是周文王的两个伯父太伯、仲雍为了让位给周文王的父亲，而逃到东南地区所建，实际上，吴真正的建国可能是在比较晚的时候。

● 《左传》成公七年：

及共王即位，子重、子反杀巫臣之族子阎、子荡及清尹弗忌及襄老之子黑要，而分其室。子重取子阎之室，使沈尹与王子罢分子荡之室，子反取黑要与清尹之室。巫臣自晋遗二子书，曰："尔以谗慝贪婪事君，而多杀不辜，余必使尔罢于奔命以死。"

● 《左传》宣公八年：

楚为众舒叛，故伐舒蓼，灭之。楚子疆之，及滑汭。盟吴、越而还。

● 《左传》成公七年：

巫臣请使于吴，晋侯许之。吴子寿梦说之。乃通吴十嘗，以两之一卒适吴，舍偏两之一焉。与其射御，教吴乘车，教之战陈，教之叛楚。

● 《左传》成公七年：

蛮夷属于楚者，吴尽取之，是以始大，通吴于上国。

发誓要报仇的巫臣，在得到晋国国君晋平公的允许后，就在当年出使了吴国。这时吴国国君叫寿梦，对巫臣的来访非常高兴，因为此前还没有中原诸侯国来与吴交往。巫臣这次来访，不仅使吴国和晋国通好，而且还带来了三十辆战车，并留下了十五辆战车送给吴国，还送给吴国弓箭手和驾车的人，教吴人使用战车，教他们使用战阵，教他们背叛楚国。巫臣还把他的一个儿子也留在了吴国，为吴国做外交工作。

就在鲁成公七年（公元前584年）这一年，《春秋》记载："吴入州来。"吴国攻入了州来，州来这个国家在今安徽凤台县内，紧挨着当时的楚国。吴国从这时开始，才在《春秋》中有记载。也就在这一年，《左传》记载吴国不仅攻入了州来，还开始进攻楚、巢、徐，原来那些附属于楚国的蛮夷，也都纷纷被吴国夺取。吴国也就是从这一年开始，才与中原诸侯国有了来往。在这一年之内，吴国的事业风起云涌，取得了举世瞩目的成就，也许，我们可以把这一年称为"吴国年"。《左传》记载："子重、子反于是乎一岁七奔命。"也就是说，楚国的子重、子反在一年之中曾七次疲于奔命地抵御吴国的侵伐。这也正应验了此前巫臣对子重、子反二人立下的誓言。

吴、楚之间从此开始了不断的战争。鲁襄公三年（公元前570年），子重率领着挑选的精兵攻打吴国，虽然攻下了一些城市，但也损失了一些人马。子重回到国都，在太庙庆祝凯旋后才三天，吴国就反攻过来，并且攻取了楚国上等城邑驾。《左传》借君子之口说，子重的这次进攻虽然取得了一些成就，但"所获不如所亡"，也就是说得不偿失。子重也因此遭到了楚国人的责备，并最终得精神病死去了。

此后，我们看到，吴与晋之间是不断在相会，吴与

楚之间则不断在战争。吴、楚之间的战争虽各有胜负，但在吴国的掣肘下，楚国再也无暇北顾，北方的晋国在晋悼公时期再霸诸侯。可以说，巫臣联吴扰楚的策略是相当成功的。

吴王寿梦在位共二十五年，他有四个儿子，其中年纪最小的儿子季札最贤明，寿梦和国人想把君位传给他，但季札却不愿意当国君。所以寿梦死后，季札的三个哥哥先后都做了吴国的国君，大哥诸樊在与楚国作战中死于弓箭之下，二哥余祭在与越国作战后死于越国俘虏的刀下，三哥夷末即位，后来死去时，季札却还是不愿做国君，并躲得远远的。

吴国就立了夷末的儿子做国君，他就是吴王僚。但这时老大的儿子公子光，心中就有不满了，他认为国君位置应该是由季札来继承，季札叔叔既然不想当，那也应该由四兄弟中最先做国君的老大的儿子来做国君，现在怎么就由老三的儿子来接班了呢？

这时，楚国的伍子胥逃难到了吴国，他看出了公子光心中的意图，于是把勇士专诸献给公子光，得到了公子光的信任和重用。趁着吴国军队正在外与楚国作战，季札也正在国外访问的时候，公子光派勇士专诸给吴王僚进献食物，在吴王僚的高度戒备之下，刺死了吴王僚。公子光做了吴国国君，他就是著名的吴王阖庐。伍子胥这样帮助阖庐是有目的的，那就是要借吴国的力量去毁灭楚国，以报自己的大仇。楚国得罪了巫臣，已经给自己带来了很大的麻烦；现在楚国怎么又得罪了伍子胥呢？

伍子胥的祖父叫伍举，在楚国很有名，追问楚庄王这只鸟为何三年不飞的就是他。伍子胥的父亲叫伍奢，是楚国太子建的老师。伍氏家族几代人在楚国都很得宠。

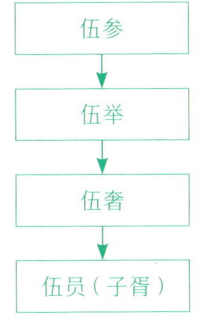

● 《左传》昭公二十年：

　　无极曰："奢之子材，若在吴，必忧楚国，盍以免其父召之。彼仁，必来。不然，将为患。"王使召之，曰："来，吾免而父。"棠君尚谓其弟员曰："尔适吴，我将归死。吾知不逮，我能死，尔能报。闻免父之命，不可以莫之奔也；亲戚为戮，不可以莫之报也。奔死免父，孝也；度功而行，仁也；择任而往，知也；知死不辟，勇也。父不可弃，名不可废，尔其勉之！相从为愈。"伍尚归。奢闻员不来，曰："楚君、大夫其旰食乎！"

太子建还有一位老师叫费无极，不像伍奢那样在太子那里受宠，因而心生嫉恨。于是费无极向楚平王诬告伍奢和太子建要造反，楚平王拘捕了伍奢，太子建就逃到了宋国、郑国。

费无极又对楚平王说："伍奢的儿子们都很能干，要是他们到了吴国，以后一定会成为楚国的忧患。何不以免除他们父亲罪行作借口，把他们都召来，斩草除根？"楚平王于是对伍奢的儿子们说："你们来吧，来了我就赦免你们的父亲。"

伍子胥的哥哥伍尚对伍子胥说："你到吴国去，我到楚王那里去。我的才智比不上你，我能死，尔能报。（我能以死赴命，而你能为我们报仇。）既然父亲有被赦免的可能，那就不可以不去见楚王；家人亲戚被杀死了，那也不可以不报仇。你我二人，各干各的。"所谓鸡蛋不能都放在一个篮子里。

伍尚就应楚平王之召而去了。伍奢听说大儿子伍尚来了，小儿子伍子胥没有来，哈哈笑着说："这下楚国君臣没时间吃饭了！"他知道他这小儿子能耐不小，将来定会把楚国闹翻天。楚国就把伍奢、伍尚都杀死了。

所以伍子胥在吴国帮助阖庐登上君位，大力支持阖庐攻打楚国。其实阖庐在当上君王之前，就已多次带兵攻打楚国，吴国军队有一次甚至还俘获了楚王夫人和楚国宝器而归，迫使楚国的司马上吊自杀。

阖庐上台后，《左传》说他"食不二味，居不重席"，"视民如子，辛苦同之"，百姓、军队都甘愿为他卖力。阖庐还采用伍子胥的策略，把军队一分为三，轮番进攻侵扰楚国，让楚军始终处于疲劳之中而不得休息，肥的拖瘦，瘦的拖死。

在此期间，楚国是楚平王和楚昭王当政，虽然《史

● 《左传》定公四年：

　　吴从楚师，及清发，将击之。夫概王曰："困兽犹斗，况人乎？若知不免而致死，必败我。若使先济者知免，后者慕之，蔑有斗心矣。半济而后可击也。"从之，又败之。楚人为食，吴人及之，奔。食而从之，败诸雍澨。五战，及郢。

记》说平王"施惠百姓"，《左传》也说他有息民之举，力图做好对外抵御吴国的准备，但对内，楚平王却实在差劲，听信谗言，让费无极把楚国治理得怨声载道。令尹子常也胡作非为，逼反唐、蔡两国，并在国内杀戮无辜大臣，致使楚国的伯嚭也逃到了吴国，做了吴国的太宰，大力为吴国谋划进攻楚国。

《左传》说："楚自昭王即位，无岁不有吴师。"也就是说楚平王死后楚昭王即位以来，年年都有吴国军队的入侵。鲁定公四年（公元前506年），吴国军队在吴王阖庐弟弟夫概王的带领下，在柏举大败由子常带领的楚军。《左传》记载：楚军败逃到河边时，吴军停止了追击，等到楚军渡河才一半时，吴军乘机攻击，又大败楚军；楚军做饭时，吴军不来攻击，等刚做好了饭，吴军又追了过来，楚军只好逃跑，吴军用楚国人的饭食填饱肚子后，再继续追击。最终，"五战，及郢"。也就是说，经过五次战斗，吴国军队攻入了楚国的都城郢都（今湖北江陵县）。楚昭王仓皇逃走。

《史记》记载破郢之后，伍子胥和伯嚭挖开了楚平王的坟墓，鞭击楚平王的尸体，以泄仇恨。这一年，是吴王阖庐即位的第十年。吴王阖庐争霸的雄风至此大展。清代学者马骕认为，吴王阖庐五战及郢打击楚国的功绩，甚至超过了齐桓公的召陵之盟、晋文公的城濮之战。

　　仅仅因为个人的私怨，竟几乎导致强大的楚国被毁灭，让楚国面临着亡国的危险。可见，个人与国家相比当然是渺小的，但有时一个人迸发出的能量，在历史上还真不可小觑。可以说，楚国被吴国打得如此惨败，巫臣、伍子胥、伯嚭这些人是起了相当大作用的。当然，还有一点很重要的是，他们的私仇和吴国的利益正好又都是合拍的。

● 《左传》定公四年：

　　初，伍员与申包胥友。其亡也，谓申包胥曰："我必复楚国。"申包胥曰："勉之！子能复之，我必能兴之。"

● 《左传》定公六年：

　　于是乎迁郢于鄀，而改纪其政，以定楚国。

　　个人有时甚至能改变历史。伍子胥当初从楚国逃走时，曾对他的朋友申包胥说："我一定要向楚国报复！"申包胥说："您努力去做吧。不过，您能报复楚国，我也能让楚国兴起。"所以吴国攻入楚国后，申包胥就去秦国搬救兵，但秦国似乎不愿意蹚这浑水，申包胥为此日夜号哭，一连7天水米不进。秦哀公感动了，这才出兵五百乘救楚。

　　《左传》中申包胥哭秦廷的记载，可能带有一些小说色彩。秦国出兵的真正原因，是秦与晋多次交兵失利，秦的东进受到了很大挫折。与晋失和后，秦便采取了与楚通好结亲的策略，以防范和对抗晋国。如果与晋国联盟的吴国真正攻灭了楚国，这显然是秦国所不愿意看到的，秦国还需要楚国存在，去牵制晋国，所以秦要救楚。

　　在秦国军队的攻击下，吴国军队打了好几次败仗，而就在此时，吴国的后方又出现了问题：越国趁吴国军队在外与楚国作战之际，在背后进攻吴国；接着阖庐的弟弟夫概王又在吴国国内叛乱称王。真是屋漏更遭连夜雨。阖庐只得匆忙回师，打败了夫概王。这之后吴、楚又不断交兵，各有胜负。但吴国依然力量强大，对楚国造成了巨大威胁。最终，楚国在吴国强大的压力下被迫迁都，把都城从郢迁到了鄀（今湖北宜城）。

　　这样看来，吴国对楚国的打击和威胁，确实超过了齐桓、晋文。吴国不仅与楚交兵，而且还与旁边的越国作战。面对咄咄逼人的吴国，越国又是如何应对的呢？这留待我们下一讲来说。

吴越争霸（二）

处在吴国南部的越国，经常与吴国发生战争。楚国后来也采取了与晋国相同的策略，与越联合，让越国在后面不断侵扰吴国，以纾解和削弱吴国对楚国的进逼。

这一策略可以说是相当有成效的。鲁定公十四年（公元前496年），阖庐趁越国国君刚刚去世，率军攻打越国，才即位的越王勾践，率军在槜李（今浙江嘉兴西南）抵御。两军对阵，吴国阖庐的军队阵容整齐，勾践十分担忧，派敢死队两次冲锋，吴军的阵脚丝毫不动。勾践就让罪犯排成三行，把剑放在脖子上说："两国交战，我们这些人触犯了军令，让我们自裁行刑而死吧！"说完，这些罪犯集体自刎而死。

吴国士兵们个个看得目瞪口呆。趁着吴国士兵们还没回过神来，勾践挥军进攻，结果大败吴军。越人用戈击阖庐，削伤了阖庐的大脚趾，获得他的一只鞋子。阖庐退兵，在距离槜李七里的地方死去了。《左传》对阖庐这次兵败的上述记载有些戏剧性，阖庐被勾践打败的真正原因，应该是此前吴国连年用兵，实力已经被削弱。

于是，又有一个发誓要为父亲报仇的儿子出现了，

● 《左传》定公十四年：

吴伐越，越子句践御之，陈于槜李。句践患吴之整也，使死士再禽焉，不动。使罪人三行，属剑于颈，而辞曰："二君有治，臣奸旗鼓。不敏于君之行前，不敢逃刑，敢归死。"遂自刭也。师属之目，越子因而伐之，大败之。

● 《左传》哀公元年：
　　吴王夫差败越于夫椒，报㰜李也。遂入越。
　　三月，越及吴平。吴入越，不书，吴不告庆，越不告败也。

他就是阖庐的儿子夫差。《左传》记载说，夫差专门派人站在院子里，只要他出去或进来时，一定要对他大声喊："夫差！你忘了越王杀了你的父亲吗？！"夫差必回答说："没有，不敢忘记！"

果然，才二年，也就是《左传》鲁国十二公最后一公鲁哀公的元年（公元前494年），夫差就领兵在夫椒（今浙江绍兴北）大败越国军队，攻入越国。越王勾践带着五千甲盾之士退守在会稽山，派大夫文种通过吴国太宰嚭向吴王夫差求和。

夫差要答应，但伍子胥坚决反对，他说："俗话说，树立德行要连绵不绝，去掉祸患则要铲除干净。历史上这方面的教训很多。勾践这个人乐善好施，不可小看。再说，越和吴本就同处在一块土地上，历来就是世仇。现在打败了越国，你却不占有它，还要让它保存下来生长壮大。想用这样的做法来称霸，必然是不行的。"但夫差不听。伍子胥退下来告诉别人说："越国用十年的时间来增加人口发展生产，再用十年的时间施行教育训练军队，二十年后吴国的宫殿定会变成一片废墟沼泽了。"

但是，吴国攻入越国这样一件大事，在《春秋》中却没有记载。这是为什么呢？《左传》解释说："吴入越，不书，吴不告庆，越不告败也。"意思是，吴国不来鲁国告诉他们打胜的消息，越国也不来告诉鲁国他们被打败的事情，所以鲁国的《春秋》就不记载"吴入越"这件事了。

《春秋》在这里遵循的是一种什么样的记事规则呢？这涉及春秋时代的"赴告制度"。在这种制度下，一国发生了国君婚娶、弑杀、即位、会盟、驱逐大夫、战胜战败等等大事，要派人去告知他国，他国的史官才会把这些事记载下来；如果不告，即便这些事很重大、大家也

● 《左传》哀公十一年：

　　吴将伐齐，越子率其众以朝焉，王及列士皆有馈赂。吴人皆喜，惟子胥惧，曰："是豢吴也夫！"

都清楚，那也不记载在本国的史书上。显然，由于这个规则，《春秋》会因为许多国家未来鲁国赴告而缺载许多史实。

　　此时的吴国，实力强盛。在国内，修筑了历史上有名的运河——连接长江和淮河的邗沟；对外，又准备进攻齐国。这时，勾践率领众人来朝见夫差，并且给吴王和他的臣下们都带来了礼物，吴国人个个都很高兴，只有伍子胥忧惧，他劝夫差说："越国是我们的心腹大患，现在这样豢养着，就好像让医生治病却让留下病根一样。再说，越国和我们同在一块土地上，我们的土地和人民正是他们想要的。如今我们不防备越国，却去攻打远方的齐国，即便得到齐国的土地，对我们来说又有什么用呢？"

　　但吴王不听，他早已听烦了伍子胥提防越国的那些言论，就让伍子胥出使齐国去。伍子胥到了齐国，把自己的儿子托付给了齐国人。他已经预料到了吴国将要覆亡的命运，开始准备后事了。吴王听到了这件事，很生气，派人赐剑给伍子胥，让他自裁，伍子胥临死前说："请在我的坟墓上种上槚树，三年之后就需要用它给吴国人做棺材了。因为三年之后，吴国一定会衰弱。盛极而衰，天之道也。"《史记》记载伍子胥在死前还说："我死后请把我的眼睛放在吴国东门之上，我要亲眼见到越灭掉吴。"

　　吴、鲁联军在艾陵（今山东泰安南）把齐国打得大败，夫差把缴获的八百辆战车和三千名甲士的首级很大方地送给了鲁国。此后，吴国还胁迫鲁、卫与自己盟会，面对气势汹汹的吴国，鲁、卫派出了孔子能干的弟子子贡才把吴国应付过去。

　　但吴王夫差称霸的欲望越来越大，于是在他即位的

- 《春秋》哀公十三年：
   公会晋侯及吴子于黄池。

- 《左传》哀公十三年：
   秋七月辛丑，盟，吴、晋争先。吴人曰："于周室，我为长。"晋人曰："于姬姓，我为伯。"

第十四年，即鲁哀公十三年（公元前482年），吴王夫差在黄池（今河南封丘县南）大会诸侯，以展示自己霸主的实力。这次相会的诸侯有吴国、晋国、鲁国，此外还有周天子的代表。但在后来结盟的时候，吴国和晋国为排位的先后次序争了起来。

吴国人说："在周王室当中，我们是老大。"因为吴国的始祖是大哥太伯，现在的周王室的始祖是小弟季历。所以在姬姓当中，要论辈分，吴国确实是老大。

但晋国人说："在姬姓之中，我们最强。"从晋文公以后，晋国基本一直都处在霸主的地位，这也确实是事实。双方相持不让。晋国的赵鞅把主管军事的司马叫来说："时间不早了，若还不结盟，我二人罪责不小。不如摆开军队，大家一起比试比试，这总能分出长幼先后吧？"司马说："让我先去吴国营寨观察一下再说。"

观察后司马回来说："吃肉的人应该红光满面才对，现在的吴王却是灰头土脸、气色灰暗。不知是国家被人打败了呢，还是太子死了呢？这些夷人向来沉不住气，经不住忍耐，我们熬一熬等一等再说。"果然不久，吴国方面松口了，在次序上让先于晋国人。

吴王夫差一直就在等候这一天，为什么在这关键时刻又屈服于晋国人呢？吴国到底发生了什么事，让夫差如此心神不宁、气色灰暗呢？

原来，就在夫差踌躇满志在黄池召集诸侯盟会的时候，他的后院起火了。趁着夫差与军队不在国内，越王勾践兵分两路猛攻吴国，大败吴军，攻入了吴国都城（今苏州），还俘虏了太子。正在和晋国争结盟先后次序的夫差，听到吴军战败的报告后，生怕消息走漏、被参加盟会的这些国家知道，于是杀死了营帐中在场的七个人。但是，吴国战败的信息，还是通过吴王灰暗的脸色

- 《左传》哀公十三年：
   六月丙子，越子伐吴……丙戌，复战，大败吴师，获大子友、王孙弥庸、寿于姚。丁亥，入吴。

表现了出来。黄池之会结束后，夫差匆忙回到了吴国，《史记》说此时的吴国"士皆疲敝"，吴国只好被迫与越国媾和。

此后，越国不断进攻吴国。鲁哀公二十年，即公元前475年，越国又包围了吴国。晋国的赵无恤派手下的楚隆来看望夫差。赵无恤是谁呢？是赵盾的后人。赵盾的儿子赵朔，在晋景公时代与其他赵氏家族成员如赵括、赵同等，全部被晋景公铲灭，只有赵朔的儿子赵武被秘密存养下来，他就是有名的"赵氏孤儿"，赵武的孙子是赵鞅，赵鞅的儿子就是赵无恤。

赵无恤为什么会有这样一个举动呢？因为赵无恤的父亲赵鞅曾经参加黄池之会，晋国和吴国当初是一起结过盟的，双方曾相约同甘共苦，如今吴国被越国包围，晋国却无力救援，于是就只好派人去慰问表示一下意思。

但此时的吴国已被越国军队包围得水泄不通，楚隆就先进入越国军队中，对他们说："吴国曾多次侵扰中原诸国，听说越国国君这次亲自率兵攻打吴国，我们中原诸夏各国听了无不欢欣鼓舞，祝你们早日成功，请让我进去查看一下吴国的动静，看看他们怎么样了。"越国人就让楚隆进去了。

楚隆见到夫差，报告说："晋国大夫赵无恤先生派他的臣子我来向您致歉。晋国和吴国曾在黄池之会一起盟誓，说要同甘共苦。现在君王您处在危难之中，赵无恤不怕辛劳想来救您，但现在晋国已经实在没有这个力量了。"夫差拜谢了，并交给楚隆一盒珍珠，让他带回去送给赵无恤。珍珠是吴国的特产，我们今天还在把它当作礼物送人。夫差叹气说："勾践是不想让我好好活着了，看来我不得好死了。"又问："快要淹死的人也要强颜欢笑，对了，我还要问你呢，晋国的史黯这个人怎么样？

赵衰 → 赵盾 → 赵朔 → 赵武 → 赵成 → 赵鞅 → 赵无恤

● 《左传》哀公二十年：
使问赵孟，曰："句践将生忧寡人，寡人死之不得矣。"王曰："溺人必笑，吾将有问也。史黯何以得为君子？"对曰："黯也进不见恶，退无谤言。"王曰："宜哉！"

● 《左传》哀公二十二年：

　　冬十一月丁卯，越灭吴，请使吴王居甬东，辞曰："孤老矣，焉能事君？"乃缢。

为什么称他是君子呢？"

　　夫差看似不经意的这一问，实际上透露了他的一个心结。原来三十五年前，晋国的史黯曾经预言说，不到四十年，吴国就会被越国所灭。如此算来，到现在，吴国的大限似乎就要到了，所以夫差想知道史黯这个人到底是随口乱说，还是他有所根据，确实洞识过人。

　　楚隆回答说："史黯这个人，做了官没人讨厌他；不做官也没人毁谤他。"夫差黯然说道："哦，是这样，那他确实应该是个君子。"无疑，夫差明白了，史黯是不会乱说话的。吴国大限就要到了。果然，两年后，越灭掉了吴。越王勾践要让吴王夫差住到甬东（今浙江舟山市定海区）去，夫差辞谢说："我老了，不能事奉君主了。"于是上吊死了。《史记》还说，夫差死前，蒙上了自己的脸，说："我没有面目去见子胥啊！"

　　越与吴，处在同一地理环境之内，两国在发展之中产生冲突完全是必然的事情，不是吴吃掉越，就是越吞并吴，这一点，可以说伍子胥看得相当清楚，所谓一山不能容二虎。

　　勾践灭吴以后，南方的越国一时兵强国盛。鲁国此前跟从着吴国，现在只好又跟上越国，与越国遣使往来，越国也就开始对鲁国的一些事务指手画脚。在国内受到"三桓"挤兑的鲁哀公，后来也跑到越国去了。"三桓"是指鲁桓公三个儿子的后代，即季孙、叔孙、孟孙三家，这三家后来在鲁国势力越来越大，甚至超过了国君，孔子就曾对三桓势力多有批评。"三桓"中的季孙曾在自己的庭院里摆弄只有天子才有的"八佾"舞蹈，孔子就曾生气地说："是可忍也，孰不可忍也？"所以鲁哀公在国内很憋屈。他到了越国后，与越国太子的关系搞得很密切，越国太子就打算把女儿嫁给鲁哀公，并给他许多地盘。鲁国季孙一听，害怕哀公强大后会铲除自己，就派人去向越国的太宰嚭行贿，才把这事儿给阻止了。这位越国的太宰嚭，也就是吴国的那位太宰嚭，吴国被灭后，他"转会"到了越国。

清代学者马骕，在读到《春秋》快结束的时候，感叹说："读《春秋》终篇，为齐痛田氏，为晋痛三卿，为鲁痛三桓……"也就是说，在春秋的晚期，齐、晋、鲁这三个大国，国君的权力是越来越衰微，而下面卿大夫的势力却越来越强大。这其实也是春秋晚期各大国局势的一个特点。

鲁哀公想借助越国的力量来除掉三桓，但最终没有成功。在国内，鲁哀公和大夫之间的关系越来越恶化，最终鲁哀公回到鲁国后，又被迫逃往越国，在国外流亡，死在外面。

越国之后的称霸，在《春秋》《左传》中都没有记载了。据《史记》记载，勾践灭吴后，曾带兵北上，和齐、晋等诸侯会于徐州，并派人给周天子送去贡品，周天子也派人赐给勾践祭肉，承认他是霸主。勾践回去后，把淮上之地给了楚国，把吴国从宋国那里侵占的土地归还给宋国，又给了鲁国泗水以东上百里的地方，一时越国军队横行于江、淮之东，"诸侯毕贺，号称霸王"。越国作为后起之秀，在春秋的末期，最终发展成一个令诸侯瞩目的强国。

在前面我们曾把此前的霸主们归结为：东齐西秦，南楚北晋，中郑宋。至于吴、越，无疑，它们在许多方面都与上述国家不太一样，我们更愿意把它们看作另类，独立于上述系统之外。其中的齐、晋、秦、楚都是一等大国，郑、宋是次等之国，他们的称霸各有自己的天时、地利与人和。而吴、越二国，偏居东南一隅，长时期不

● 《左传》哀公二十七年：

公患三桓之侈也，欲以诸侯去之。三桓亦患公之妄也，故君臣多间。公游于陵阪，遇孟武伯于孟氏之衢，曰："请有问于子，余及死乎？"对曰："臣无由知之。"三问，卒辞不对。公欲以越伐鲁而去三桓。秋八月甲戌，公如公孙有陉氏，因孙于邾，乃遂如越。

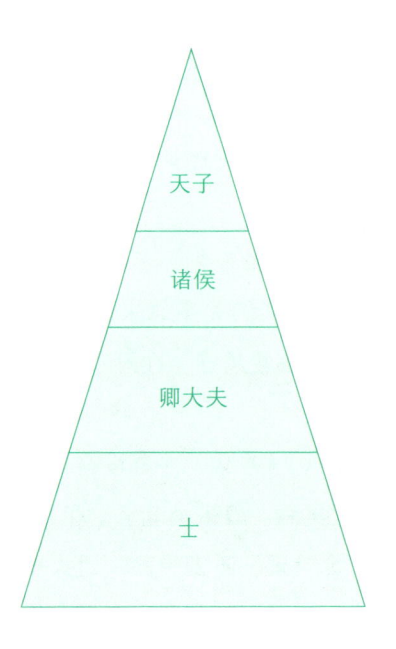

见经传，它们在春秋末期的兴起，使人认识到：文明不仅仅兴起发展于黄河流域或者楚国所在的长江流域，在不太被中原人熟悉的东南地区，璀璨的文明同样耀眼夺目。

吴越争霸之后，中国再也没有霸主出现了。旧的时代，一个君子的时代，至此结束了。这个时代，前后二百多年，距离今天两千多年，上有天子，次有诸侯，中有大夫，下有士人，他们像金字塔一样层叠构成，是当时社会中的贵族阶层，也是当时社会的统治者。血缘与宗法支撑着这一统治结构，君位的继承、官员的选拔，依然以世袭为主。天子把土地和权力分封给诸侯，诸侯们逐渐强大起来，天子就衰弱了；诸侯再把土地和权力分封给卿大夫，卿大夫们逐渐强大起来，诸侯就衰弱了；大夫再把土地和权力分封给家臣，家臣们逐渐强大起来，大夫们也就衰弱了。下面的人强大了，就想要过上面那些等级的人的生活，于是，老祖宗为各个等级制定的那些礼仪制度开始逐渐受到超越和摈弃，秩序受到了挑战。霸主的出现，在某种程度上维护、稳定了原有的秩序，当然，也带来了新的秩序。为争做这种秩序的维护者和制定者而展开的争霸，就成了这个时代最重要的政治生活。这是一个令人神往的时代，人们质朴率性但又能老谋深算，打起仗来轰轰烈烈却又能彬彬有礼，说起话来委婉文雅却又能直抒胸臆，做起事来循礼遵德有时却又荒诞不经。这一切，都在《左传》中被生动的文字记载了下来。直到今天，我们思想中的某些概念，我们言语中的某些文辞，我们行事中的某些规则，均能在《左传》中寻到它们的源头。这是《左传》留给我们的遗产。

九 春秋历史年表

前770年		○晋文侯、郑武公、秦襄公护送周平王东迁洛邑，东周时代开始。
……	……	……
前722年	鲁隐公元年	○《春秋》从此年开始记事。 ○郑庄公平定太叔段之乱。
前721年	鲁隐公2年	○郑攻卫。
前720年	鲁隐公3年	○周平王去世，周桓王立。 ○宋穆公去世，宋殇公立。
前719年	鲁隐公4年	○卫国州吁弑杀卫桓公，石碏杀州吁，卫宣公立。
前718年	鲁隐公5年	○晋哀侯立。
前717年	鲁隐公6年	○郑庄公去周朝见周桓王。
前716年	鲁隐公7年	○秦文公去世。 ○晋国曲沃庄伯卒，其子曲沃武公立。
前715年	鲁隐公8年	○周桓王任用虢公为卿士。
前714年	鲁隐公9年	○郑庄公以王命伐宋。郑大败北戎。
前713年	鲁隐公10年	○郑国打败宋、卫、蔡三国的入侵。
前712年	鲁隐公11年	○鲁隐公被杀，鲁桓公立。 ○郑庄公伐宋，大败宋国。
前711年	鲁桓公元年	○郑国与鲁国结盟。
前710年	鲁桓公2年	○宋国大夫华父督杀死宋殇公与孔父嘉。
前709年	鲁桓公3年	○晋国曲沃武公俘虏晋哀侯，晋小子侯立。
前708年	鲁桓公4年	○周天子派人出使到鲁国。
前707年	鲁桓公5年	○周桓王率陈、蔡、卫伐郑，被郑庄公打败。
前706年	鲁桓公6年	○楚侵随。 ○北戎侵齐，郑国太子忽率军救齐，大败北戎。
前705年	鲁桓公7年	○晋国曲沃武公杀晋小子侯。
前704年	鲁桓公8年	○晋国曲沃武公灭翼。
前703年	鲁桓公9年	○周王派人攻伐曲沃武公。
前702年	鲁桓公10年	○郑、齐、卫攻鲁，在郎打败鲁国。
前701年	鲁桓公11年	○郑庄公去世。郑厉公立。
前700年	鲁桓公12年	○卫宣公去世，卫惠公立。
前699年	鲁桓公13年	○郑、鲁等国打败宋、齐、卫、燕四国军队。
前698年	鲁桓公14年	○齐僖公去世，齐襄公立。
前697年	鲁桓公15年	○周桓王去世，周庄王立。 ○郑厉公欲杀祭仲失败而出逃。公子忽回国复位。
前696年	鲁桓公16年	○宋、鲁、卫、陈、蔡五国军队伐郑。 ○卫惠公被逐，投奔齐国。
前695年	鲁桓公17年	○郑昭公被杀，公子亹被立为君。
前694年	鲁桓公18年	○齐襄公杀郑国公子亹。 ○齐襄公派公子彭生杀鲁桓公。鲁庄公立。

(续表)

	前 693 年	鲁庄公元年	○陈庄公去世，陈宣公立。
	前 692 年	鲁庄公 2 年	○宋庄公去世，宋闵公立。
	前 691 年	鲁庄公 3 年	○燕桓侯去世，燕庄公立。
	前 690 年	鲁庄公 4 年	○楚武王在攻随中去世，楚文王立。
	前 689 年	鲁庄公 5 年	○楚迁都于郢。 ○齐、鲁、宋、陈、蔡攻卫。
	前 688 年	鲁庄公 6 年	○卫惠公回到卫国复位。
	前 687 年	鲁庄公 7 年	○秦灭小虢。
	前 686 年	鲁庄公 8 年	○齐国公孙无知杀齐襄公。
	前 685 年	鲁庄公 9 年	○齐桓公即位，任用管仲为政。
	前 684 年	鲁庄公 10 年	○鲁国在长勺打败齐国军队。
	前 683 年	鲁庄公 11 年	○宋国遭水灾，鲁国派人慰问。
	前 682 年	鲁庄公 12 年	○宋国宋万杀死宋闵公、华父督。 ○周庄王去世，周釐王立。
	前 681 年	鲁庄公 13 年	○齐与鲁会于柯。
	前 680 年	鲁庄公 14 年	○齐、周、陈、曹伐宋。
	前 679 年	鲁庄公 15 年	○齐桓公会宋、陈、卫、郑于鄄，开始称霸诸侯。
	前 678 年	鲁庄公 16 年	○曲沃武公被周天子承认为诸侯，是为晋武公。
	前 677 年	鲁庄公 17 年	○秦迁都于雍。 ○周釐王去世，周惠王立。
	前 676 年	鲁庄公 18 年	○晋献公即位。
	前 675 年	鲁庄公 19 年	○周王子颓作乱，逐周惠王。
	前 674 年	鲁庄公 20 年	○郑厉公接纳周惠王居于栎。
	前 673 年	鲁庄公 21 年	○郑厉公等杀王子颓，周惠王复位。 ○郑厉公去世，郑文公立。
	前 672 年	鲁庄公 22 年	○陈国公子完奔齐。 ○楚成王杀国君堵敖而立。
	前 671 年	鲁庄公 23 年	○鲁庄公赴齐国观社。
	前 670 年	鲁庄公 24 年	○鲁庄公娶夫人哀姜。
	前 669 年	鲁庄公 25 年	○晋献公杀群公子，晋国从此无公族。
	前 668 年	鲁庄公 26 年	○晋都于绛。
	前 667 年	鲁庄公 27 年	○周惠王赐命齐桓公为侯伯。
	前 666 年	鲁庄公 28 年	○齐桓公以王命伐卫。 ○楚攻郑，齐、鲁、宋救郑。
	前 665 年	鲁庄公 29 年	○郑侵许。
	前 664 年	鲁庄公 30 年	○楚国子文为令尹。 ○齐桓公率军伐山戎以救燕。
	前 663 年	鲁庄公 31 年	○齐向鲁献俘。
	前 662 年	鲁庄公 32 年	○鲁庄公去世，鲁闵公立。

(续表)

前661年	鲁闵公元年	○齐桓公救邢，打败狄人。
前660年	鲁闵公2年	○鲁国庆父杀鲁闵公。鲁僖公立，杀庆父。 ○狄人灭卫，杀卫懿公。齐桓公立卫戴公。卫戴公去世，卫文公立。 ○秦成公去世，秦穆公立。
前659年	鲁僖公元年	○齐桓公迁邢于夷仪。
前658年	鲁僖公2年	○齐桓公率诸侯为卫国筑城于楚丘，恢复卫国。
前657年	鲁僖公3年	○齐桓公与宋国等相会，谋伐楚。
前656年	鲁僖公4年	○齐桓公率诸侯军队伐蔡攻楚，在召陵迫使楚国结盟。晋国太子申生被迫自杀，公子重耳、夷吾出奔。
前655年	鲁僖公5年	○齐桓公会宋、鲁、陈、卫、郑、许、曹于首止。 ○晋灭虢、虞。
前654年	鲁僖公6年	○齐率诸侯伐郑。楚伐许以救郑。
前653年	鲁僖公7年	○齐伐郑，郑向齐求和。
前652年	鲁僖公8年	○齐桓公会鲁、宋、卫、许、曹、陈、周于洮。 ○周襄王即位。
前651年	鲁僖公9年	○宋桓公去世，宋襄公立。 ○齐桓公与宋、鲁、卫、郑、许、曹等盟于葵丘。 ○晋献公去世，秦、齐立夷吾为君，是为晋惠公。
前650年	鲁僖公10年	○齐桓公伐北戎。
前649年	鲁僖公11年	○周王子带引戎人攻入周，秦、晋伐戎救周。
前648年	鲁僖公12年	○周襄王讨伐王子带，王子带奔齐。 ○周襄王以上卿之礼招待管仲。
前647年	鲁僖公13年	○诸侯戍周。 ○晋国饥荒，秦国输粟于晋国，是为"泛舟之役"。
前646年	鲁僖公14年	○齐率诸侯在缘陵筑城而迁杞。
前645年	鲁僖公15年	○楚侵徐，诸侯救徐。 ○秦、晋战于韩原，秦俘获晋惠公。
前644年	鲁僖公16年	○戎人侵周，齐桓公再征诸侯兵戍周。
前643年	鲁僖公17年	○齐桓公去世。
前642年	鲁僖公18年	○宋襄公率诸侯军队平定齐国内乱，扶持齐孝公即位。
前641年	鲁僖公19年	○宋襄公与曹、邾会盟。宋襄公指使邾国杀鄫子以祭社。
前640年	鲁僖公20年	○楚伐随。
前639年	鲁僖公21年	○宋襄公与楚、齐盟于鹿上。宋、楚、陈、蔡、郑、许、曹会于盂，楚国囚禁宋襄公，后释放宋襄公。
前638年	鲁僖公22年	○宋、楚战于泓，宋国大败。
前637年	鲁僖公23年	○宋襄公去世，宋成公立。 ○晋惠公去世，晋怀公立。
前636年	鲁僖公24年	○秦穆公送重耳回国。晋怀公被杀，晋文公即位。 ○周王子带与狄人攻周襄王，周襄王奔郑，告难求救于诸侯。

(续表)

	前 635 年	鲁僖公 25 年	○晋文公平定王子带之乱，迎回周襄王。
	前 634 年	鲁僖公 26 年	○鲁国带着楚国军队攻取齐国的谷地。
	前 633 年	鲁僖公 27 年	○齐孝公去世，齐昭公立。 ○楚、陈、蔡、郑、许围宋，宋告急于晋。
	前 632 年	鲁僖公 28 年	○晋、楚战于城濮，楚军战败。晋文公盟诸侯于践土。周襄王策命晋文公为侯伯。
	前 631 年	鲁僖公 29 年	○晋与周、诸侯盟于翟泉，谋伐郑。
	前 630 年	鲁僖公 30 年	○秦、晋围郑，郑国烛之武退秦师。
	前 629 年	鲁僖公 31 年	○狄围卫楚丘，卫迁都于帝丘。
	前 628 年	鲁僖公 32 年	○郑文公去世，郑穆公立。 ○晋文公去世，晋襄公立。
	前 627 年	鲁僖公 33 年	○秦袭郑，无功而还。秦、晋战于殽，秦军覆亡。 ○鲁僖公去世，鲁文公立。
	前 626 年	鲁文公元年	○楚太子商臣逼死楚成王，楚穆王立。
	前 625 年	鲁文公 2 年	○晋败秦于彭衙。
	前 624 年	鲁文公 3 年	○秦伐晋，取王官。 ○鲁文公朝晋。
	前 623 年	鲁文公 4 年	○晋攻秦。
	前 622 年	鲁文公 5 年	○楚灭六、蓼。
	前 621 年	鲁文公 6 年	○秦穆公去世，秦康公立。 ○晋襄公去世。
	前 620 年	鲁文公 7 年	○晋灵公即位。
	前 619 年	鲁文公 8 年	○周襄王去世，周顷王立。
	前 618 年	鲁文公 9 年	○楚攻郑，晋救郑。
	前 617 年	鲁文公 10 年	○晋攻秦，拔少梁。
	前 616 年	鲁文公 11 年	○鲁打败长狄，俘获长狄侨如。
	前 615 年	鲁文公 12 年	○秦、晋战于河曲，秦败退。
	前 614 年	鲁文公 13 年	○楚穆王去世，楚庄王立。
	前 613 年	鲁文公 14 年	○晋国赵盾与诸侯盟于新城。 ○周顷王去世，周匡王立。
	前 612 年	鲁文公 15 年	○晋会诸侯于扈，谋伐齐。
	前 611 年	鲁文公 16 年	○戎人、群蛮攻楚，楚灭庸。
	前 610 年	鲁文公 17 年	○晋、卫、陈、郑伐宋。
	前 609 年	鲁文公 18 年	○鲁文公去世，鲁宣公立。
	前 608 年	鲁宣公元年	○楚、郑攻陈、宋，晋救陈、宋。
	前 607 年	鲁宣公 2 年	○郑与宋战，俘获宋国华元。 ○晋国赵穿杀晋灵公，晋成公立。 ○周匡王去世，周定王立。

(续表)

前606年	鲁宣公3年	○楚庄王伐陆浑之戎，问鼎。 ○郑穆公去世，郑灵公立。
前605年	鲁宣公4年	○郑公子归生杀郑灵公，郑襄公立。 ○楚庄王灭若敖氏。
前604年	鲁宣公5年	○楚攻郑，晋救郑。
前603年	鲁宣公6年	○晋、卫侵陈。
前602年	鲁宣公7年	○晋成公会宋、鲁、卫、郑、曹于黑壤。
前601年	鲁宣公8年	○楚灭舒蓼，与吴、越结盟。
前600年	鲁宣公9年	○晋伐陈。晋成公去世，晋景公立。
前599年	鲁宣公10年	○陈国夏徵舒杀陈灵公。
前598年	鲁宣公11年	○楚攻入陈国，杀夏徵舒。
前597年	鲁宣公12年	○楚、晋战于邲，晋国大败。
前596年	鲁宣公13年	○晋杀先縠。
前595年	鲁宣公14年	○楚围宋。
前594年	鲁宣公15年	○宋与楚结盟。
前593年	鲁宣公16年	○晋灭赤狄甲氏、留吁。
前592年	鲁宣公17年	○晋国郤克出使齐国。
前591年	鲁宣公18年	○晋、卫攻齐。 ○楚庄王去世，楚共王立。 ○鲁宣公去世，鲁成公立。
前590年	鲁成公元年	○茅戎败周。
前589年	鲁成公2年	○晋率诸侯与齐战于鞌，齐国战败。 ○楚巫臣携夏姬奔晋。 ○楚会鲁、蔡、许、秦、宋等国诸侯于蜀。
前588年	鲁成公3年	○晋、鲁、宋、卫、曹伐郑。
前587年	鲁成公4年	○鲁成公至晋。
前586年	鲁成公5年	○周定王去世，周简王立。
前585年	鲁成公6年	○晋从绛迁都于新田。 ○吴国寿梦即位，称王。
前584年	鲁成公7年	○吴国侵入州来，始与中原诸侯通使往来。
前583年	鲁成公8年	○晋杀大夫赵同、赵括。
前582年	鲁成公9年	○晋盟诸侯于蒲。楚与晋修好。
前581年	鲁成公10年	○晋率齐、鲁、宋、卫、曹伐郑。晋景公去世，晋厉公立。
前580年	鲁成公11年	○宋国华元谋使晋、楚两国和好。
前579年	鲁成公12年	○宋国华元首次弭兵，晋、楚盟于宋。
前578年	鲁成公13年	○晋国使吕相绝秦。晋、鲁、齐、宋等国攻秦。
前577年	鲁成公14年	○秦桓公去世，秦景公立。
前576年	鲁成公15年	○楚背盟攻郑、卫。 ○晋等诸侯国与吴会盟于钟离。

(续表)

	前 575 年	鲁成公 16 年	○晋与楚战于鄢陵，楚国大败。晋国复霸。
	前 574 年	鲁成公 17 年	○晋与诸侯伐郑。
	前 573 年	鲁成公 18 年	○晋国栾书杀晋厉公，晋悼公立。 ○鲁成公去世，鲁襄公立。
	前 572 年	鲁襄公元年	○晋攻郑，楚侵宋救郑。 ○周简王去世，周灵王立。
	前 571 年	鲁襄公 2 年	○晋会诸侯逼郑，郑服于晋。
	前 570 年	鲁襄公 3 年	○楚攻吴，所获不如所亡。
	前 569 年	鲁襄公 4 年	○诸戎服于晋。
	前 568 年	鲁襄公 5 年	○晋与鲁、陈、卫、郑、曹等诸侯盟于戚。楚伐陈，晋救陈。
	前 567 年	鲁襄公 6 年	○齐灭莱。
	前 566 年	鲁襄公 7 年	○楚围陈，晋会诸侯谋救陈。
	前 565 年	鲁襄公 8 年	○晋悼公会诸侯于邢丘，晋国再霸。
	前 564 年	鲁襄公 9 年	○晋、楚交相伐郑。
	前 563 年	鲁襄公 10 年	○晋与诸侯及吴会于柤。
	前 562 年	鲁襄公 11 年	○鲁三桓分公室。
	前 561 年	鲁襄公 12 年	○吴王寿梦去世，长子诸樊立。
	前 560 年	鲁襄公 13 年	○吴伐楚，楚败吴。 ○楚共王去世，楚康王立。
	前 559 年	鲁襄公 14 年	○晋率诸侯会吴于向，谋伐楚。
	前 558 年	鲁襄公 15 年	○晋悼公去世，晋平公立。
	前 557 年	鲁襄公 16 年	○晋会诸侯于溴梁。晋攻楚，在湛阪大败楚军。
	前 556 年	鲁襄公 17 年	○齐攻鲁。
	前 555 年	鲁襄公 18 年	○晋会鲁、宋、卫、郑、曹等诸侯攻齐，讨其侵鲁。
	前 554 年	鲁襄公 19 年	○郑国子产为正卿。
	前 553 年	鲁襄公 20 年	○齐服于晋，晋率诸侯与齐盟于澶渊。
	前 552 年	鲁襄公 21 年	○晋会诸侯于商任。
	前 551 年	鲁襄公 22 年	○孔子出生。
	前 550 年	鲁襄公 23 年	○晋国杀栾盈，灭栾氏之族。晋退齐军。
	前 549 年	鲁襄公 24 年	○晋会诸侯于夷仪，谋伐齐。
	前 548 年	鲁襄公 25 年	○齐国崔杼杀齐庄公，齐景公立。 ○吴国诸樊战死，余祭立。
	前 547 年	鲁襄公 26 年	○楚伐郑。
	前 546 年	鲁襄公 27 年	○宋国向戌弭兵，晋、楚盟于宋。
	前 545 年	鲁襄公 28 年	○齐、陈等诸侯朝晋。 ○周灵王去世，周景王立。
	前 544 年	鲁襄公 29 年	○越国俘虏杀吴王余祭，吴国季札聘问鲁、齐、郑、卫、晋等国。
	前 543 年	鲁襄公 30 年	○郑国子产执政。
	前 542 年	鲁襄公 31 年	○鲁襄公去世，鲁昭公立。

（续表）

前 541 年	鲁昭公元年	○晋、楚会诸侯于虢。 ○楚灵王立。
前 540 年	鲁昭公 2 年	○晋国韩宣子聘问鲁、齐、卫。
前 539 年	鲁昭公 3 年	○齐国晏婴出使晋国。
前 538 年	鲁昭公 4 年	○诸侯朝楚。
前 537 年	鲁昭公 5 年	○楚会诸侯伐吴。
前 536 年	鲁昭公 6 年	○郑国子产铸刑书。 ○楚攻吴，吴败楚。
前 535 年	鲁昭公 7 年	○楚灵王建成章华台。
前 534 年	鲁昭公 8 年	○楚灭陈。
前 533 年	鲁昭公 9 年	○楚会鲁、宋、郑、卫于陈。
前 532 年	鲁昭公 10 年	○晋平公去世，晋昭公立。
前 531 年	鲁昭公 11 年	○楚灭蔡。
前 530 年	鲁昭公 12 年	○鲁昭公至晋国朝见晋君，到黄河而返。
前 529 年	鲁昭公 13 年	○楚灵王自缢，楚平王立。楚复陈、蔡。
前 528 年	鲁昭公 14 年	○鲁国季孙家臣在费叛乱。
前 527 年	鲁昭公 15 年	○吴王余昧去世，吴王僚立。
前 526 年	鲁昭公 16 年	○齐攻徐。 ○晋昭公去世，晋顷公立。六卿强，公室卑。
前 525 年	鲁昭公 17 年	○吴、楚战于长岸。
前 524 年	鲁昭公 18 年	○宋、卫、陈、郑都发生火灾。
前 523 年	鲁昭公 19 年	○楚国筑城防备吴国。
前 522 年	鲁昭公 20 年	○楚平王杀伍奢、伍尚，伍子胥奔吴。 ○郑国子产去世。
前 521 年	鲁昭公 21 年	○晋、齐、卫平定宋国之乱。
前 520 年	鲁昭公 22 年	○周景王去世，周悼王立而被杀，晋国立周敬王。
前 519 年	鲁昭公 23 年	○吴攻州来，楚攻吴。
前 518 年	鲁昭公 24 年	○吴击退楚国军队，灭巢及钟离。
前 517 年	鲁昭公 25 年	○鲁三桓逐鲁昭公，鲁昭公奔齐，流亡在外。
前 516 年	鲁昭公 26 年	○楚平王去世，楚昭王立。
前 515 年	鲁昭公 27 年	○吴国公子光派专诸杀吴王僚，吴王阖庐立。
前 514 年	鲁昭公 28 年	○晋国六卿掌权。
前 513 年	鲁昭公 29 年	○晋国铸刑书于鼎。
前 512 年	鲁昭公 30 年	○吴灭徐，疲楚。
前 511 年	鲁昭公 31 年	○晋欲纳送鲁昭公回国。
前 510 年	鲁昭公 32 年	○吴开始伐越。 ○鲁昭公去世，鲁定公立。
前 509 年	鲁定公元年	○楚国拘留蔡侯。
前 508 年	鲁定公 2 年	○吴败楚师。

(续表)

	前507年	鲁定公3年	○蔡侯归国，向晋请求攻楚。
	前506年	鲁定公4年	○晋会诸侯谋伐楚。 ○吴攻楚，攻入郢都，楚王出逃。申包胥去秦国哭求救兵。
	前505年	鲁定公5年	○秦、楚联军打败吴国军队。
	前504年	鲁定公6年	○吴伐楚，楚从郢迁都到鄀。
	前503年	鲁定公7年	○晋护送周敬王回到王城。
	前502年	鲁定公8年	○晋国平定王室。
	前501年	鲁定公9年	○郑国杀邓析，而用《竹刑》。
	前500年	鲁定公10年	○鲁、齐相会，孔子相礼。
	前499年	鲁定公11年	○鲁与郑结盟，叛晋。
	前498年	鲁定公12年	○鲁与齐结盟。
	前497年	鲁定公13年	○齐、卫攻晋。晋国范氏、中行氏攻赵鞅。
	前496年	鲁定公14年	○越王勾践败吴王阖庐于槜李，阖庐去世，吴王夫差立。
	前495年	鲁定公15年	○鲁定公去世，鲁哀公立。
	前494年	鲁哀公元年	○吴攻入越，越王勾践降吴。
	前493年	鲁哀公2年	○晋国赵鞅打败齐、郑援军。
	前492年	鲁哀公3年	○晋国赵鞅包围朝歌，范氏、中行氏奔邯郸。
	前491年	鲁哀公4年	○晋国赵鞅围邯郸，邯郸降。
	前490年	鲁哀公5年	○范氏、中行氏奔齐，晋国内乱被平定。
	前489年	鲁哀公6年	○吴伐陈，楚救陈。
	前488年	鲁哀公7年	○吴会鲁于鄫。
	前487年	鲁哀公8年	○吴攻鲁。
	前486年	鲁哀公9年	○吴开凿运河邗沟，准备伐齐。
	前485年	鲁哀公10年	○吴攻齐。
	前484年	鲁哀公11年	○吴、鲁与齐战于艾陵，大败齐国。
	前483年	鲁哀公12年	○吴会鲁。
	前482年	鲁哀公13年	○吴北上与晋、鲁会于黄池。 ○越攻破吴国都城。
	前481年	鲁哀公14年	○鲁西狩获麟，《春秋》绝笔于此。
	……	……	……
●	前479年	鲁哀公16年	○孔子去世。

再版后记

  本书的出版，承蒙北京行距文化传媒黄一琨君的青睐和后浪出版公司的统筹支持，在此诚致谢意。《左传》和春秋史，两千多年来几乎历代都有人讲述，可见这一经典及其所记早期中国的这一段历史，内涵之丰富，魅力之持久。本书效法先贤"述而不作"，多依文献阐述事实，少凭己意抒发管见，愿仁者见仁，智者见智。

何晋

二〇二四年四月

出版后记

2022年6月初，行距文化的武新华老师推荐了北京大学历史系何晋老师的这部历史科普作品。与今天同主题的作品相比，这部作品依旧特色鲜明，因此它值得再版。

何老师的写作扎实严谨、文字雅而朴，他生动地描绘了那个"令人神往"的时代：为人"质朴率性"却也"老谋深算"，开战"轰轰烈烈"却又"彬彬有礼"，做事"循礼遵德"却也有荒诞不经的时候。读者只要一字一句地循着他平实的语言，就能够领略到春秋时代的风神气韵。

在纸书营销尚未席卷书业的年代，这部作品便在"豆瓣·读书"上有了口碑。在第一版面世十年后，依旧有读者为此书用心撰写了长书评，即使放在今天，这篇书评也并不过时。因此，在征得这位书友的同意后，编者决定简述其要点，以备读者参考。这位网名叫作"算破天"的书友，在比较了其他春秋史通俗作品后，认为本书有三点创新。其一，叙事精彩，条理分明，把分散在《左传》里的事件串联起来，清晰展现了事件的前因后果。其二，讲解了《左传》阅读需要的背景知识、文化常识。其三，重视郑、宋、鲁、卫中原四小国的历史。当年，市面上的通俗春秋史多以"五霸"为纲，"其余的枝枝叶叶都尽量精简"，"殊不知这些国家发生的事情不但精彩，还具有相当高的研究价值，写书人往往选择性无视这些国家，真是相当的遗憾"。不过，近年来春秋史科普作品也陆续补充了中原四小国的历史，或许是受到了这部作品的影响。

此次再版，何老师重新修订了文字细节。第一版中何老师自己整理的边栏和鲁国十二君时间线，此次再版依然保留。边栏放置对应、补充正文故事的《春秋》《左传》原文，方便对照阅读，鲁国十二君时间线放置在每页下方，帮助理清时间线。编者在每章开篇增设诸侯国的君位继承顺序、诸侯国大事记，方便读者了解和单个诸侯国相关的主要事件。

在书末，何老师梳理了一份春秋历史年表，能帮助读者把握春秋时代的重要历史事件，读者可在阅读正文时对读此表。在此基础上，编者制作了一份彩色折页年表，供有需要的读者使用。折页年表将事件用颜色分类，横向展示诸侯之间征伐、会盟增多，纵向展示霸主的兴替、诸侯国实力的兴衰、主要的交战地区和国家。

感谢何晋老师和行距文化的信任，将作品托付后浪出版。书的出版周期略长，而他们都给了编者很大的耐心。

设计师张萌反复打磨作品从内到外的每一处设计，花费了不少心血，尤其是折页年表的设计，他准确理解了编者的策划思路，让折页年表以新颖的形式呈现。这是优秀的设计师赋予编辑工作的价值。相信读者能从他的设计细节中感受到春秋时代的古朴气息。

贵州人民出版社的编辑们认真审校了书稿，为书稿增色不少。后浪编辑部的同事贾启博、实习生罗书欣为本书贡献了智慧和闪光点子。主编张鹏对选题大力支持，他给了编者宽松的自由度，让编者可以和设计师在形式上做探索。印制部、制作部同事的技术支持，让作品以物美价廉的形态落地。

希望读者能从这部作品中得到乐趣和教益。关于文稿中可能存在的错漏之处，也欢迎读者批评指正，我们将在未来再版时即时纠正。

后浪出版公司
2024 年 4 月

图书在版编目（CIP）数据

君子时代的争霸：《左传》里的春秋史 / 何晋著. -- 贵阳：贵州人民出版社，2024.5(2024.7 重印)
ISBN 978-7-221-18039-1

Ⅰ.①君… Ⅱ.①何… Ⅲ.①《左传》–研究 Ⅳ.① K225.04

中国国家版本馆 CIP 数据核字 (2023) 第 254421 号

本书中文简体版由北京行距文化传媒有限公司授权银杏树下（北京）图书有限责任公司在中国大陆地区（不包括香港、澳门、台湾）独家出版、发行。

JUNZI SHIDAI DE ZHENGBA:ZUOZHUAN LI DE CHUNQIUSHI

君子时代的争霸：《左传》里的春秋史

何晋 著

出 版 人	朱文迅
选题策划	后浪出版公司
出版统筹	吴兴元
编辑统筹	张　鹏
策划编辑	周湖越
责任编辑	潘江云　杨　悦
特约编辑	程　彤　王晓晓
装帧设计	墨白空间·张萌
责任印制	常会杰
出版发行	贵州出版集团　贵州人民出版社
地　　址	贵阳市观山湖区会展东路SOHO办公区A座
印　　刷	北京盛通印刷股份有限公司
经　　销	全国新华书店
版　　次	2024年5月第1版
印　　次	2024年7月第2次印刷
开　　本	720毫米×1000毫米　1/16
印　　张	15.5
字　　数	220千字
书　　号	ISBN 978-7-221-18039-1
定　　价	88.00元

后浪出版咨询（北京）有限责任公司　版权所有，侵权必究

投诉信箱：editor@hinabook.com　fawu@hinabook.com
未经书面许可，不得以任何方式转载、复制、翻印本书部分或全部内容。
本书若有印装质量问题，请与本公司联系调换，电话010-64072833